AF534472

Ágnes Heller · Von der Utopie zur Dystopie

Ágnes Heller

# Von der Utopie zur Dystopie

## Was können wir uns wünschen?

Edition Konturen
Wien · Hamburg

Aus dem Englischen von Georg Hauptfeld.

Wir legen Wert auf Diversität und Gleichbehandlung. Im Sinne einer besseren Lesbarkeit der Texte werden manche Begriffe in der maskulinen Schreibweise verwendet. Grundsätzlich beziehen sich diese Begriffe auf beide Geschlechter.

Bibliografische Information der Deutschen Bibliothek
Die Deutsche Bibliothek verzeichnet diese Publikation in der Deutschen Nationalbibliografie, detaillierte bibliografische Daten sind im Internet über http://dnb.ddb.de abrufbar


Umschlaggestaltung: Georg Hauptfeld, dressed by Gerlinde Gruber
Umschlagbild: Pieter Brueghel der Ältere, Das Schlaraffenland, Wikimedia
Layout: Georg Hauptfeld, dressed by Karin Kühtreiber
Lektorat: Christa Hanten
ISBN 978-3-902968-20-3
Druck: Druckerei Berger, 3580 Horn
Printed in Austria

# Inhalt

# 1. Zur Geschichtlichkeit der Einbildungskraft

Die Einbildungskraft ist eine einzigartige Kraft des Geistes, eine Verbindung rationaler und emotionaler Fähigkeiten.

Weder Denken noch Tun gibt es ohne eine Art von Gefühl. Sogar der räumliche Orientierungssinn ist eine Art Gefühl. Der sogenannte sekundäre Instinkt, der aus der Praxis kommt, gehört ebenfalls in die Welt der Gefühle. Man lernt, einen Ball gut zu fangen, wenn man dies aus dem Gefühl heraus macht, ohne nachzudenken. Es gibt auch keine kognitive Erinnerung, ohne dass von Anfang an Gefühle beteiligt sind. Persönliche Erfahrungen, die mit intensiven Gefühlen verbunden sind, werden immer vom Kurzzeitgedächtnis ins Langzeitgedächtnis übertragen. Angeborene Triebe (nach Nahrung und Wasser oder nach Sexualität) sind ebenfalls Gefühle. Besser gesagt: das eine ein Bedürfnis, das andere ein Gefühl der Befriedigung oder Erwartung der Befriedigung. Angeborene Affekte (Furcht, Zorn, Neugier, Freude, Trauer, Scham) richten sich auf bestimmte Objekte oder werden von ihnen ausgelöst, Objekte, die man kennen muss, um sie wiederzuerkennen.

Bei den genannten Gefühlstypen existieren nur die Triebe per se, sie funktionieren ohne Denken und Sprache. Wenn wir allerdings von Menschen sprechen, gilt auch das nur für kleine Kinder, zum Beispiel beim Stillen. Schon im Bereich der Affekte bestimmt die Wahrnehmung über Art und Qualität des auslösenden Objekts, des sogenannten Stimulus, den Affekt selbst mit. Appetit ersetzt Hunger, Erotik tritt an die Stelle von Sexualität.

Schon dabei spielt die Einbildungskraft eine Rolle. Auch ohne die Gegenwart des begehrten Objekts stellt man sich die mögliche und gewünschte Befriedigung mit ihm vor, wie Sex mit einer abwesenden geliebten Person. Dies ist eine elementare unter den vielen Funktionen der Einbildungskraft. Die Temporalität, das zukünftige Gefühl sind hier am Werk, denn die zukünftige Befriedigung, mehr noch, eine konkrete Vorstellung der zukünftigen Befriedigung löst starke Gefühle in der Gegenwart aus.

Um Missverständnisse zu vermeiden: Die elementare Funktion der Einbildungskraft ist nicht notwendigerweise temporal, das auslösende Objekt kann auch zur Gänze imaginär sein. Was wir freudig annehmen, kann etwas anderes sein, als wir uns vorstellen, wir haben es vielleicht mit etwas ganz anderem zu tun. Für einen kleinen Jungen kann ein Stock ein Pferd sein. In diesem Fall weiß er, dass der Stock kein Pferd ist und er sich das nur „vorstellt". Doch oft ist das nicht der Fall. Der Geist seines Vaters erscheint Hamlet, und dieser glaubt, dass ihn sein Vater aus einer anderen Welt aufsucht.

Kehren wir zum ersten Satz zurück. Die Einbildungskraft ist eine einzigartige Kraft des Geistes, eine Verbindung rationaler und emotionaler Fähigkeiten. Welcher rationalen Fähigkeiten? Welcher emotionalen Fähigkeiten?

Da die Einbildungskraft bei allen menschlichen Handlungen eine Rolle spielt, kann man die Frage so allgemein nicht beantworten. Sie muss auf Fälle beschränkt werden, bei denen die Einbildungskraft die Rolle des Dirigenten spielt. Sie ist nicht das Orchester selbst, doch sie kann dessen Dirigent sein. Es handelt sich um Fälle, in denen das Orchester ohne Einbildungskraft überhaupt nicht spielen könnte. Auch das Umgekehrte ist der Fall: Ohne das Orchester (einschließlich der rationalen Fähigkeiten) gäbe es nichts, was die Einbildungskraft dirigieren könnte.

Welche rationalen und emotionalen Fähigkeiten verbinden sich in diesen speziellen Fällen?

Manche rationalen Fähigkeiten, etwa logische Vorgänge wie Deduktion oder Induktion benötigen keine Einbildungskraft, die sie dirigiert. Auch wenn wir etwas sicher wissen, sei es, dass wir „wissen, was" (es ist ein Stuhl) oder „wissen, wie" (ich kann mich hinsetzen), muss uns die Einbildungskraft nicht dirigieren, obwohl sie in beiden Fällen eine Rolle spielt.

Die Arten des Denkens, die die Einbildungskraft als Dirigenten des Orchesters voraussetzen, sind auf den ersten Blick Assoziation und Dissoziation. Assoziation wird nicht immer, Dissoziation jedoch immer vom Unbewussten ausgelöst und manifestiert sich als Intuition, Inspiration oder Ähnliches.

Was assoziiert oder dissoziiert die Einbildungskraft? Ansichten. Die Einbildungskraft spielt Karten mit den Ansichten, und zwar in der weitesten Bedeutung des Wortes „Ansichten": als „nur eine Meinung, noch nicht Wissen" ebenso wie als „mehr als jedes Wissen, Glaube". In diesem zweiten Fall haben wir es mit offenbarender Einbildungskraft zu tun. Sie offenbart uns mehr, als wir bisher wissen, jenseits von Konvention und verbreiteten Ansichten.

Die rationalen Fähigkeiten, die bei der Dirigentenrolle der Einbildungskraft im Spiel sind, sind also Ansichten (im weitesten Sinne) und ihre Manifestationen als Intuition oder Inspiration. Was offenbaren sie? Wahrheit. Unbewiesene, schemenhafte Wahrheit, die entziffert, gefunden oder zumindest gesucht werden muss, unter der Oberfläche von etwas, unter dem sie verborgen liegt, um enthüllt zu werden. Wahrheit jenseits der Wahrheit.

Das ist der Grund, warum rationalistische Philosophen wie Spinoza der Einbildungskraft misstraut haben. Sie verzerrt, sie lügt, sie führt uns in die Irre. Kant ist da großzügiger, er bietet der Einbildungskraft einen Platz unter den Fähigkeiten des Wissens, eine Fähigkeit, die am ästhetischen Urteil beteiligt ist. Doch kann sie ihre Arbeit nur im Einklang mit rationalem Verstehen verrichten. Man muss zugeben, dass Kant hier einen wichtigen Punkt getroffen hat: Ohne Orchester gibt es keinen Dirigenten. Doch wenn Verstehen und Einbildungskraft im Einklang stehen, gibt es zwei Dirigenten – eben Einbildungskraft und Verstehen –, und unter dem Stab von zwei Dirigenten kann das arme Orchester nicht spielen. Um bei Kant zu bleiben: In seinem Buch „Kant und das Problem der Metaphysik" kommt Heidegger zu dem Schluss, dass die Einbildungskraft in der A-Version und der B-Version der „Kritik der reinen Vernunft" verschiedene Positionen einnimmt. In der A-Version heißt es, die Einbildungskraft sei eine A priori-Fähigkeit des Bewusstseins, in der B-Version ist sie der A priori-Fähigkeit des Verstandes untergeordnet.

A priori ist eine Fähigkeit „vor der Erfahrung", also eine Fähigkeit, deren Existenz und Arbeit nicht auf vorangegangenen Erfahrungen beruht, doch Erfahrungen auf eigene Weise beeinflusst. Indem sie sich die Erfahrungen unterwirft und von diesem Vorgang oder, besser gesagt, von diesem Spiel andere Möglichkeiten des Wissens und ihre Anwendung ausschließt.

In meinem Buch „Philosophy of Dreams" bin ich zu dem Schluss gekommen, dass Träume nicht verstanden werden können, ohne Existenz und Funktion einer A priori-Einbildungskraft vorauszusetzen. Träume sind eben das Produkt der Einbildungskraft, in ihnen sind alle logischen Kategorien aufgehoben. Die sogenannten grundlegenden Prinzipien des logischen Denkens, das Gesetz der Identität, des Widerspruchs und der Ausschließung eines Dritten fehlen in Träumen vollständig. Es gibt keinen Unterschied zwischen Notwendigkeit und Zufall, zwischen Realität, Möglichkeit und Wahrscheinlichkeit, und kausale Bestimmung oder Teleologie sind außer Kraft gesetzt. Auch Raum und Zeit gibt es nicht, oder, besser gesagt, man kann sich ohne physische oder logische Grenzen frei durch Raum und Zeit bewegen. Auch die sogenannten Naturgesetze sind ungültig. Ich kann Opfer eines Flugzeugabsturzes werden und dem Wrack völlig unverletzt entsteigen, ich kann auch sterben und dennoch weiterleben. Ein Frosch kann zum Prinzen werden und ein Prinz zum Frosch. In Träumen wundern wir uns nie über irgendetwas. Es gibt keinen Unterschied zwischen Wahrheit und Ansicht, zwischen richtig und falsch. Doch können wir in Träumen sprechen, andere können mit uns sprechen, sogar Gott kann mit uns sprechen, unser toter Großvater oder unser ungeborenes Kind.

Eine A priori-Einbildungskraft, die völlig unabhängig ist von allen Gesetzen des Verstandes oder der Vernunft, kann immer noch ein Orchester dirigieren. Sie dirigiert es auf ihre Art. Doch wer sitzt im Orchester? Persönliche Erfahrungen, kulturelle (kollektive) Erfahrungen, Geschichten, frei fließendes Material eines unbewussten Träumers. Die Partitur, mit der der Dirigent arbeitet, wird aus bewussten Erfahrungen herausgefiltert, aus gehörten Geschichten, aus Dingen, die wir gesehen haben, die wir fürchten oder auf die wir hoffen, Dinge, über die wir nachdenken.

Nach Freud handeln alle Träume entweder von der Erfüllung von Wünschen oder vom Tod (Eros und Thanatos), es sind Träume von Furcht und Hoffnung. Die Ähnlichkeit zwischen wunscherfüllenden Träumen und Albträumen auf der einen Seite sowie Utopien und Dystopien auf der anderen Seite lässt sich schwer leugnen.

Bevor ich mich dem Thema Utopien und Dystopien zuwende, muss ich noch zwei bisher vernachlässigten Themen Raum geben. Dies sind erstens Gefühle und Leidenschaften, die allen Arten von Einbildungskraft innewohnen (ich sage „innewohnen“, denn sie gehören nicht nur dazu, sondern sind Teil ihres Wesens). Und zweitens alle Arten von Einbildungskraft, bei denen diese das Orchester dirigiert, wenn auch mit einiger Hilfe des Konzertmeisters namens Vernunft.

Alle Arten von Gefühl können der Einbildungskraft innewohnen, so wie die Einbildungskraft mit anderen geistigen Fähigkeiten koexistieren kann, indem sie ihnen dient. Wenn jemand also ein mathematisches Rätsel lösen möchte, wird er oder sie neugierig sein, erfüllt von dem Wunsch, das Ziel zu erreichen, zweifelnd am Erfolg. Doch müssen diese Gefühle der Aufgabe untergeordnet werden, das mathematische Problem zu lösen, also einer logischen Vorgehensweise. Gefühle können hilfreich oder hinderlich sein, aber sie können die Aufgabe nicht bewältigen. Wenn jemand über das Sein, über Gott, über Schönheit usw. nachdenkt, kann er oder sie Frömmigkeit empfinden, Begeisterung, ein Hochgefühl, alle werden der Arbeit der Vernunft untergeordnet oder von ihr ausgelöst. Die Frage „Was ist?" (zum Beispiel „Was ist Schönheit?") wird von solchen Gefühlen nicht beantwortet, Gefühle sind bloß Helfer (oder Hindernisse) für die Vernunft und den Vorgang des Nachdenkens.

Ich habe die Gefühle oben nicht ohne Absicht aufgezählt. Neugier, der Wunsch, ein Ziel zu erreichen, Frömmigkeit, Begeisterung, Zweifel – all das sind Gefühle, die in unseren Träumen niemals vorkommen. Dort ist die die A priori-Einbildungskraft der einzige Dirigent des Orchesters. Welche Gefühle oder Emotionen tauchen in unseren Träumen tatsächlich regelmäßig auf? Nicht sehr viele. Elementare Bedürfnisse wie Hunger oder Durst, die Befriedigung sexueller Erwartungen sowie vier Affekte: Heiterkeit, Trauer, Begierde (Hoffnung) und Furcht.

Ich schlage nun Folgendes vor. In jenen Fällen, in denen die Einbildungskraft das Orchester mithilfe des Konzertmeisters namens

Denken dirigiert, sind diese Triebe und Affekte (Freude, Trauer, Begierde wie auch Hoffnung und Angst, Neugier, Frömmigkeit, Begeisterung, Zweifel) mit Ansichten verbunden. Die Einbildungskraft spielt mit ihnen Karten und nimmt dabei diese Affekte zu Hilfe (oder als Hindernisse). Um eine vorschnelle Schlussfolgerung zu wagen: Es sind die wichtigsten emotionalen Motivationen für Utopien und Dystopien.

Rationalistische Philosophen nennen Emotionen von Furcht und Hoffnung Leidenschaften. Spinoza hält Furcht und Hoffnung für schlechte Leidenschaften, Goethe wiederholt dies: Furcht und Hoffnung sind schlechte Leidenschaften. Warum? Weil sie uns dazu bewegen, uns von der Wirklichkeit abzuwenden. Sie hindern uns daran, das Reale vom Imaginären zu unterscheiden, das Mögliche vom Unmöglichen, Sein von Schein, Wahrheit von Meinung, Wissen vom Glauben.

Kehren wir zum Orchester zurück. Ob allein von der Einbildungskraft dirigiert oder mit Unterstützung des konzertmeisterlichen Denkens (Verstehen, Argumentieren, Urteilen), das Orchester bleibt immer dasselbe. Besser, die „Kategorie" des Orchesters bleibt gleich.

Woraus besteht das Orchester? Wer sitzt darin? Menschliche Erfahrung. Die Erfahrungen einer einzelnen Person, die träumt, plant, glaubt und handelt. Diese Erfahrung setzt die Kenntnis einer gebräuchlichen Sprache voraus, das Wissen um Praxis, Regeln und Normen der eigenen Umwelt, die Kenntnis einer sinnvollen Weltsicht, die man sich zusammen mit den zugehörigen Normen, Regeln, Zeremonien aneignet (also wer die Götter sind, was den Donner verursacht). Die Erfahrungen umfassen auch die Geschichten, Mythen, Traditionen, Ansichten, kurz, die Kultur einer Welt (im breiten, „anthropologischen" Sinn). Kein Traum oder Tagtraum erzeugt ein neues Orchester, nur neue Musik.

Um es ganz direkt zu sagen: Das „Orchester“ ist das historische Bewusstsein einer bestimmten Epoche, einer Welt. Wenn ich von historischem Bewusstsein spreche, meine ich nicht das Bewusstsein einer Zeit (das gibt es nicht), sondern die Summe von Ansichten, Geschichten, Texten, das kulturelle Gedächtnis jeder menschlichen Welt. Weder Vernunft noch Einbildungskraft können über diese Welt hinausgehen. Doch jeder gute Dirigent kann das Orchester dazu bringen, verschiedene Melodien zu spielen. Also auch die Einbildungskraft.

Doch – um beim musikalischen Beispiel zu bleiben – in allen Kompositionen einer historischen Epoche, also in jedem historischen Bewusstsein gibt es Dominanten und Subdominanten. Innerhalb einer Welt bleiben sie ziemlich konstant.

Da mein Thema Utopia und Dystopia ist, muss ich kurz über einige Konstanten sprechen, die in diesen Kontext passen. Furcht und Hoffnung sind wie Freude und Trauer häufige Emotionen in allen Lebenslagen und in jeder historischen Epoche, man findet sie bei allen gesunden Menschen. Doch wovor wir Angst haben, was wir begehren oder erhoffen, kann ganz verschieden sein. Es gibt historische und persönliche Varianten, die in die historischen Varianten eingebettet sind. Eine Variante unter vielen ist zum Beispiel, dass eine Welt sich für real hält oder für imaginär. Die Grenzen sind fließend, aber es gibt sie. Wenn heute ein Kind seiner Mutter erzählt, es habe auf dem Flur einen Teufel gesehen, der habe es angeschaut und mit ihm gesprochen, wird die Mutter (zumindest in Europa) zweifellos antworten, dass sich das Kind dies nur vorstellt, weil es keine Teufel gibt. Vor wenigen Jahrhunderten hätte sie vielleicht noch an die Realität der Erfahrung des Kindes geglaubt und über die Sünden nachgedacht, die sie begangen haben könnte, die dazu geführt haben, dass der Teufel in ihrem Haus erschienen ist. Vor zweihundert Jahren hofften dumme Mädchen darauf, einen

Prinzen zu heiraten, heute wollen sie einen berühmten Filmstar haben.

Wir alle kennen Tagträume. Wir alle haben Tagträume. Wie in den nächtlichen Träumen dirigiert die Einbildungskraft das Orchester, doch hier benötigt sie das Denken, das Verstehen als Helfer und Konzertmeister. Anders als nächtliche Träume sind Tagträume oft teleologisch, der oder die Träumende träumt von etwas, das er oder sie erreichen oder haben will, auch wenn klar ist, dass das unrealistisch ist. Tagträume kann man beenden, wenn man will, und man kann das Unwahrscheinliche vom Möglichen unterscheiden („ach, das wäre schön, aber leider ist es unwahrscheinlich"). Ein hoffnungsvoller Tagtraum ist immer schön, denn wir malen uns eine so wünschenswerte Zukunft aus, dass schon die Vorstellung davon ein angenehmes Gefühl ist. Tagträume von Tod, vom Tod einer geliebten Person, von Unglück, von Täuschung, von Verrat, von Einsamkeit, von Krankheit, vom Ende der Welt machen uns hingegen traurig, melancholisch, deprimiert. Die Einbildungskraft ist dann voller Angst. Im Gegensatz zu einem nächtlichen Traum, aus dem wir erleichtert aufwachen und feststellen, dass es nur ein Traum war, löst sich ein angstvoller Tagtraum nicht so leicht auf, er hinterlässt eine bleibende spirituelle Wunde auf unserer Seele oder sogar im Charakter.

Viele heterogene Lebenserfahrungen werden auch literarisch homogenisiert, und dabei spielt die Einbildungskraft eine zentrale Rolle. Wir haben es hier immer mit Ansichten im weitesten Sinn (nur Meinung oder, mehr als Wissen, Glaube) sowie mit Gefühlen zu tun (klarerweise nicht immer mit denselben).

Aristoteles hat gesagt, dass die beherrschenden Gefühle, die in der Tragödie in den Zuschauern entstehen und ihren Geist reinigen, Furcht und Mitleid (Empathie) sind. Andere Emotionen spielen bei der Rezeption einer Komödie, eines Epos oder lyrischer Poesie eine führende Rolle.

Die Einbildungskraft homogenisiert die Erfahrungen auf verschiedene Weise (je nach Genre). Doch so unterschiedlich sie auch ist, so begrenzt ist die Einbildungskraft auch. Eine Grenze ist das historische Bewusstsein und das Material, das von ihm geordnet wird, die Ansichten, mit denen es Karten spielt, das Genre selbst. Der Ausdruck „begrenzt" ist vielleicht nicht ganz korrekt, denn die Begrenzung wird nicht als Einschränkung erlebt, sondern eher als unerschöpfliche Quelle der Inspiration.

Aristoteles erörterte die Komödie mit dem „Material" seiner Zeit. Er erlebte dies nicht als Einschränkung. Eine antike Tragödie konnte man nicht in Prosa schreiben, doch die Tragödiendichter empfanden das nicht als Einschränkung. Als solche erlebte man die Begrenzung erst, als sich das historische Bewusstsein änderte, also die Grenze bereits überschritten war. (Hegel hat klug konstatiert, dass es eine Grenze erst gibt, wenn sie überschritten ist.) Eine zur Zeit der elisabethanischen Tragödie leidenschaftlich diskutierte Frage drehte sich um eine Grenze: Kann man die drei sogenannten Regeln der Tragödie überschreiten, die Einheit von Zeit, Ort und Handlung? Wird es dann immer noch eine Tragödie sein? Die Diskussion selbst bewies, dass die historische Einbildungskraft diese Grenze bereits überschritten hatte.

Ich habe Dominanten und Subdominanten in der Musik erwähnt, die unter dem Stab historischer Einbildungskraft gespielt wird. Diese entwickeln sich natürlich. Die erste Tragödie von Aischylos (Die Perser) behandelte ein historisches Thema. Doch übernahm die Mythologie sofort die Rolle der Geschichte und wurde so zur führenden Quelle der Tragödie während der gesamten Antike einschließlich Roms. Die Philosophie ersetzte die Weisheitsliteratur nur in Griechenland und wurde eines der führenden literarischen Genres. In den ersten Jahrhunderten nach Christus verstanden die Griechen Judentum und Christentum als Philosophien. Die Vorstellung von einem einzigen Gott und der Glaube an ihn „gehörten“ für sie zur philosophischen Einbildungskraft und hatten in ihrem Verständnis nichts mit Religion zu tun.

Utopien sind Schöpfungen der Einbildungskraft verbunden mit bestimmten Ansichten einer Zeit und der Leidenschaft der Hoffnung. Dystopien sind Schöpfungen der Einbildungskraft in Verbindung mit bestimmten Ansichten einer Zeit und der Leidenschaft der Furcht. Da alle gesunden Menschen überall und immer Hoffnung und Furcht empfinden, hängt der Unterschied zwischen Utopien und Dystopien von den herrschenden Ansichten ab. Diese selbst sind in die historische Einbildungskraft eingebettet. Die historische Einbildungskraft ist daher sowohl unerschöpfliche Quelle wie auch Grenze der Glaubenssysteme.

Die Geschichte, die ich hier erzähle, wird eine Geschichte historischer Veränderungen der Glaubenssysteme sein.

Glaubenssysteme werden nicht nur von einem Genre präsentiert oder repräsentiert. Dies trifft auch auf Utopien und Dystopien zu. Zwei literarische Genres haben sie über zwei Jahrtausende hinweg getragen. Grob gesagt, sind dies literarische Fiktion, Poesie und Epik auf der einen Seite und Philosophie auf der anderen. Grob gesagt deshalb, weil weder Weisheitsliteratur oder Apokalypse als literarisches Genre zur Gänze in die genannten Kategorien passen. Zur Liste der Genres mit utopischen oder dystopischen Visionen könnte man auch die Malerei (und heute vor allem den Film) zählen. Sie veranschaulichen nicht nur mythologische, philosophische oder literarische Bilder, sondern erweitern auch die Art ihrer Präsentation.

Das Wort „Bilder“ charakterisiert vor allem Utopien der Literatur, der Poesie und Mythologie, nicht der Philosophie. Philosophische Utopien werden eher konstruiert als gemalt. Die besten bekannten und einflussreichsten Utopien verbinden jedoch normalerweise visuelle Präsentation und Konstruktion.

Schließlich: Obwohl Utopien und Dystopien Genres sind, reichen utopische und dystopische Einbildungskraft über ihr eigenes Gebiet hinaus. Weil sie einen Aspekt des historischen Bewusstseins widerspiegeln oder verkörpern, in das sie eingebettet sind, verschwimmt die Trennungslinie zwischen bewusster und unbewusster Einbildungskraft.

Man kann dies auch anders formulieren. In der Philosophie der Kunst wird oft gesagt (zuletzt glaube ich von Adorno), dass Poesie oder Kunst ganz allgemein utopische Realität sind. Damit ist gemeint, dass Poesie und Literatur oder Kunst im Allgemeinen Wahrheiten über die Welt offenbaren, in der sie entstanden sind. Das gebe ich gerne zu, doch wird das Wort „Utopie“ in dieser Studie in einem anderen, traditionelleren Sinn gebraucht.

Die Utopie (und Dystopie), deren Geschichte ich erzählen werde, ist die Geschichte eines Genres, in dem Ansichten und zwei Leidenschaften (Hoffnung und Furcht) verbunden sind. Es ist die Geschichte sozialer Utopien und Dystopien, die keinen größeren Anspruch auf offenbarte Wahrheit erheben als jedes andere Genre in der Welt von Kunst und Philosophie. Ich werde einfach die Geschichte kultureller Tagträume erzählen, Träumen von Majestätischem und Schrecklichem, entstanden aus der Einbildungskraft verschiedener Epochen, verkörpert in Texten, die für uns „Nachkömmlinge“ die imaginären Institutionen jener Zeiten verkörpern.

Die Pointe der Geschichte muss bis zum letzten und längsten Kapitel dieser Schrift warten. Die Pointe bedeutet hier Selbstreflexion. Was können wir über unsere eigene Zeit herausfinden, wenn wir Produkte unserer eigenen historischen Einbildungskraft untersuchen? Was erzählen sie uns über uns selbst?

# 2. Das Goldene Zeitalter und die philosophische Konstruktion des „gerechten Staates“

Hoffnung und Furcht sind Leidenschaften, Emotionen, die alle gesunden Menschen teilen. Ansichten sind etwas anderes. Deshalb sind auch Utopien und Dystopien anders. Es hängt von der Welt ab, vom historischen Bewusstsein eines Volkes, was die Menschen erhoffen und was sie fürchten. Noch mehr: ob das, was sie erhoffen, in der Vergangenheit war, an einem anderen Ort oder in der Zukunft. Wie kann man etwas erhoffen oder fürchten, das in der Vergangenheit liegt, am Anfang, etwas, das man bereits verloren hat, überwunden, vergessen? Wenn wir Dystopien an dieser Stelle einmal beiseite lassen, wie kann man glauben, „Utopia“ liege bereits hinter uns?

Es gibt nicht nur eine alte Welt, sondern mehrere. Doch weil die Geschichte von ihrem (temporären) Ende her erzählt wird, der Gegenwart, wird es genügen, das Hauptnarrativ der modernen europäischen Kultur zu untersuchen, jene Erzählungen, die unser Weltverständnis und Selbstverständnis geformt haben: griechische und römische Geschichten auf der einen, biblische Geschichten auf der anderen Seite.

Griechen und Römer der Antike haben niemals Bilder einer Zukunft entworfen, die sich von ihrer eigenen Welt unterschied. Sogar Boethius, der christliche Märtyrer des 5. Jahrhunderts, konnte sich die Zukunft nur als Zukunft des Römischen Reiches vorstellen.

Ihre Vorstellung von Geschichte beruhte auf zwei Voraussetzungen. Erstens: Etwas Mögliches wird Wirklichkeit, was als Möglichkeit vorhanden war, wird real, etwas anderes kann nicht sein. So wie ein männliches Kind zum Mann wird und nicht zu einem Löwen. Hat man den Höhepunkt einmal erreicht, beginnt der Niedergang. Zweitens: Die Dinge entwickeln sich durch mehrere Stadien und kehren schließlich zum Anfang zurück. Als Regierungsformen folgen einander Aristokratie, Oligarchie, Demokratie, Tyrannei, und nach einer Revolution geht es wieder zurück an den Anfang (zum Beispiel zu den Gesetzen von Lykurg in Sparta). Das bedeutet: Die Geschichte verläuft entweder zyklisch oder „autobiografisch". Revolution bedeutet immer, dass man zum Anfang zurückkehrt. Diesen stellte man sich als das Beste vor: den Ursprung, das Zeitalter der Unschuld, die Welt einer perfekten Verfassung, zu der man nach Möglichkeit wieder zurückkehren sollte.

Grob gesprochen, gibt es zwei Arten antiker Utopien.

Erstens: Utopien der Wünsche.

Wunschutopien sind Fantasien, Bilder einer Gegenwelt gegen die aktuelle, „reale" Welt. Man stellt sich eine Welt ohne Grenzen vor, ohne Tabus, ohne Beschränkungen, in der alle Bedürfnisse erfüllt werden, als natürliche Welt im Gegensatz zur künstlichen. Eine traumähnliche, poetische Utopie, die den tiefsten, sogar unbewussten menschlichen Sehnsüchten Ausdruck verleiht.

Zweitens: Utopien einer gerechten Gesellschaft, vom gerechten Staat.

Dazu gehören eine feste Ordnung, eine Sicherheit, in der die Grenzen anders sind als in der Gegenwart. Eine Welt oder vielmehr ein Staat, dessen Ordnung von der Philosophie bestimmt oder besser konstruiert wird. Ein philosophisches Modell der Gesellschaft, von der man glaubt, dass sie funktionieren könnte, auch wenn sie vielleicht nicht realisierbar ist.

Philosophisch konstruierte Utopien verkörpern keine tief in der menschlichen Einbildungskraft verwurzelten Sehnsüchte, sie entstehen vielmehr aus einer bewussten Anstrengung, den gegenwärtigen destruktiven Zuständen die praktikable Vorstellung einer anderen sozialen Organisationsmöglichkeit entgegenzuhalten.

## 2.1 Wunschutopien

Während konstruierte Utopien – meist philosophische Utopien, die sich auf das Modell einer gerechten Gesellschaft konzentrieren – sich mit dem Wandel des historischen Bewusstseins ändern, kann man das von Wunschutopien kaum sagen. Wünsche, die in solchen Utopien zum Ausdruck kommen, sind mehr oder weniger universal, tief verankert in einer der Schichten unserer unbewussten Seele. Dies ist vielleicht der Grund, warum Wunschutopien, nahezu unabhängig davon, ob sie in der Vergangenheit, an einem anderen Ort oder in der Zukunft angesiedelt sind, lächerlich oder naiv erscheinen können. In den Augen jener, die in späteren Zeiten lesen, sind sie nur eine dichterische Erfindung oder ein religiöses Versprechen. Doch werden sie nie als abstoßend, ekelhaft oder sklavisch abgelehnt werden.

Wunschutopien werden genau zur gleichen Zeit aussterben wie Utopien von Gerechtigkeit, Stabilität oder organisierter Glückseligkeit. Doch während die konstruierten Utopien von Gerechtigkeit, Hoffnung und organisiertem Glück durch konstruierte Dystopien von Furcht, Zweifel oder Verzweiflung ersetzt werden, werden Wunschutopien vollständig verschwinden, zumindest aus der kulturellen Einbildungskraft einer Epoche.

Die bezeichnendste Wunschutopie der alten griechisch-römischen Welt war die Legende vom Goldenen Zeitalter. Das „Goldene Zeitalter“ war alles, was das gegenwärtige Zeitalter nicht war. Es verkörperte die Befriedigung aller Bedürfnisse, aller Wünsche: eine Welt frei von Krankheit, Hass, Konflikten, vorzeitigem Tod, Hinterlist, Eifersucht, Feindseligkeit oder Hunger, eine Welt, in der alle Menschen mit der Natur und miteinander in Harmonie leben. Die Bäume liefern süße Früchte für jeden, man muss sie nur aufheben. Männer und Frauen sind nicht bekleidet, sie singen und tanzen und lieben sich nackt. Die Sonne scheint immer und alle haben Teil an der nicht organisierten göttlichen Glückseligkeit.

Ich zitiere Teile aus Ovids Gedicht „Die vier Weltzeitalter“, nämlich die Verse über das Goldene Zeitalter, um die griechisch-römischen Wunschutopien zu veranschaulichen. „Als erstes wurde das goldene Zeitalter erschaffen, welches ohne Beschützer, aus eigenem Antrieb und ohne Gesetz die Treue und das Recht pflegte. Strafe und Furcht waren fern und keine drohenden Worte wurden auf einer angehefteten Erztafel gelesen und keine flehende Menge fürchtete die Aussprüche ihres Richters, sondern sie waren ohne einen Beschützer sicher. (…) Noch nicht umgaben tiefe Gräben die Städte; es gab keine Tuba von geradem, und keine Hörner von gebogenem Kupfer, keine Helme und kein Schwert: Ohne den Gebrauch eines Soldaten verbrachten die sorglosen Völker ruhige Tage. (…) Der Frühling war ewig, und die sanften Westwinde streichelten die Blumen, die ohne Samen entstanden waren, mit lauen Luftzügen. Bald auch brachte die ungepflügte Erde die Früchte, und kein erneuerter Acker glänzte weiß von schwerbehangenen Ähren; schon flossen Flüsse aus Milch, schon Flüsse aus Nektar, und goldgelber Honig tropfte von der grünen Steineiche herab.“

Geht man die Liste der beschriebenen Segnungen des Goldenen Zeitalters durch, sieht man sofort, dass die Inhalte von Wunschutopien von den Griechen bis zum Ende des Mittelalters und sogar bis zum Ende des 19. Jahrhunderts ziemlich gleich geblieben sind.

Es geht um die Befriedigung aller menschlichen Bedürfnisse: eine Welt ohne soziale oder politische Grenzen, ein Leben in Schönheit und Eleganz. Eine Welt, in der auch die Natur verwandelt ist: Die Bäume tragen immer Früchte. Das Leben im Überfluss kennt keine Sorgen. Denkt man einen Moment an die Bedeutung des Wortes „Sorge" bei Heidegger, kommt man sofort zu dem Schluss, dass die Utopie von der Befriedigung aller Wünsche der modernen Vision vom menschlichen Leben widerspricht.

Auch in der Bibel beginnt die menschliche Zeit mit einem Goldenen Zeitalter. Gott pflanzt den Garten Eden, er lässt „aus dem Ackerboden allerlei Bäume wachsen, verlockend anzusehen und mit köstlichen Früchten". Doch weil im Paradies kein Platz für Neugier war und es dem ersten Mann und der ersten Frau an nichts fehlte außer an Freiheit, verletzten sie das einzige Gebot. Diesem Ungehorsam folgte die „Conditio humana", „Sorge" begann: Liebe, Mühe, Schmerz, Neid, Mord.

Die Bibel führt zum ersten Mal auch eine Wunschutopie ein, die in der Zukunft liegt. Durch Gott erlöst, wird die Welt zu einem friedlichen Ort. Auch Natur und menschliches Leben ändern sich. „Es sollen nicht mehr da sein Kinder, die ihre Tage nicht erreichen, oder Alte, die ihre Jahre nicht erfüllen, sondern die Knaben von hundert Jahren sollen sterben, und die Sünder von hundert Jahren sollen verflucht sein. (...) Wolf und Lamm sollen weiden zugleich, der Löwe wird Stroh essen wie ein Rind, und die Schlange soll Erde essen. Sie werden nicht schaden noch verderben auf meinem ganzen heiligen Berge, spricht der Herr." (Jesaja 65, 20–25) Das zukünftige „Goldene Zeitalter" wird dichterisch in einer prophetischen Vision gezeigt (Vision und auch Apokalypse waren dichterische Genres).

Alle folgenden Vorstellungen und Fantasien über das Goldene Zeitalter sahen sehr ähnlich aus. Männer und Frauen sehnten sich immer nach einem menschlichen Leben außerhalb der „Conditio humana“, wenn auch verschieden orchestriert. Die Wunschutopie ist nicht von dieser Welt, nicht nur in der Bibel. Es geht nicht darum, ob sie realisierbar ist, denn das ist sie bestimmt nicht. Die Hauptfrage ist vielmehr, ob diese erwünschte Welt überhaupt wünschenswert ist?

Ich lade Sie ein zur Betrachtung von zwei bekannten Kunstwerken, Pieter Brueghels „Das Schlaraffenland“ und Hieronymus Boschs „Der Garten der Lüste“.

Wenn ein Gemälde Antwort geben kann auf die philosophische Frage, ob eine Wunschutopie überhaupt wünschenswert ist, dann ist es Brueghels Bild. Es ist nämlich zutiefst ironisch. Es stellt den Traum als Karikatur eines Traums dar, eine Verhöhnung utopischer oder unbewusster Wünsche. Drei Männer liegen unter einem riesigen Pilz, auf dem Essen und Getränke stehen wie auf einem Tisch. Zwei Männer schlafen, der dritte träumt vor sich hin. Waffen und Bücher liegen neben ihnen, unter dem Kopf des Tagträumers ein Manuskript. Im Hintergrund läuft ein gebratenes Schwein mit einem Messer in der Seite. Man muss es nur benützen, um ein Stück Fleisch herauszuschneiden. Ein Hähnchen liegt fertig auf dem Teller. Ein herumlaufendes Ei hat bereits ein Bedürfnis befriedigt: Es ist leer.

Dahinter erkennt man die Urheber dieser Wünsche. Es sind die Wünschen von Landleuten, die Tag und Nacht arbeiten, um etwas Nahrung zu bekommen. Wie wunderbar wäre es, nur unter einem Baum zu liegen, während einem ein gebratener Vogel in den Mund fliegt! Keine Waffen, keine Bücher, keine Sorgen, kein Herr. Die Ironie des Bildes sagt: Das Schlaraffenland ist nicht nur unrealisierbar, es ist auch nicht wünschenswert. Doch ohne Sarkasmus, ohne beißende Satire: Der Maler versteht den Traum, denn er versteht die, die ihn träumen.

Boschs Tryptichon „Der Garten der Lüste“ zeigt keine irdischen Lüste sehr irdischer Kreaturen im Brueghel'schen realistischen Humor. Es ist eine sehr symbolische, surrealistische Darstellung voller Rätsel. Viele Bücher wurden über dieses Tafelbild geschrieben, viele Interpretationen seiner Bedeutung verfasst. Darüber zu sprechen, hat aber nichts mit unserem Thema zu tun. Im Zusammenhang mit dem „utopischen Bild“ ist es nicht entscheidend, ob die fleischlichen Sünden der „Lüste“ von den Erbsünden abgeleitet sind, auf die sich der Maler auf der ersten Tafel bezieht. Es geht auch nicht um den komplexen Symbolismus der Darstellung. Entscheidend ist allein die Abbildung der „Lüste“ selbst.

Diese irdischen Lüste sind die Rückkehr ins Paradies, ein Paradies nicht für zwei, sondern für jeden: Rückkehr zur Nacktheit ohne Scham, Rückkehr zum Spiel, zu einem Leben ohne Arbeit, ohne Verpflichtungen, ohne Gesellschaft. Ein Leben im Miteinander von Männern und Frauen, in einem wunderschönen Garten, umgeben von fantastischen Tieren, die miteinander spielen, und mit fantastischen menschlichen Kreaturen. Ein Leben in Freude, im Vergnügen, in der Gemeinschaft, ohne Tod. Manche Interpreten sprechen von einer Darstellung der unbewussten Seele, der träumenden Seele.

Ich frage erneut (auf der Basis dieser Gemälde): Ist die Befriedigung aller Wünsche wünschenswert? Wenn wir die Bilder von Brueghel und Bosch betrachten, können wir so oder so antworten. Ebenso geht es uns mit Shakespeares Dichtung.

Im Drama „Der Sturm“ spricht Gonzalo davon, wie eine von ihm regierte Insel aussehen würde: „Kein Reichthum, keine Armuth, kein Unterschied der Stände; nichts von Käufen, Erbschaften, Marchen, Grenzsteinen, Brachfeldern noch Weinbergen; Kein Gebrauch von Metall, Korn, Wein oder Öl; Keine Arbeit, alle Leute müßig, alle, und die Weiber dazu; aber alles in Unschuld.

Keine Oberherrschaft (...) Alle Dinge sollten gemein seyn; die Natur sollte alles von sich selbst hervorbringen, ohne Arbeit und Schweiß der Menschen. Keine Verräterei, keine Übeltaten, folglich auch kein Schwert, kein Spieß, kein Messer, kein Schießgewehr, kurz keine Notwendigkeit von irgend einem Instrument; denn die Natur sollte aus eignem Trieb alles in Überfluß hervorbringen, was zum Unterhalt meines unschuldigen Volkes nöthig wäre."

Sämtliche Elemente der Wunschutopien sind hier enthalten. Doch werden sie nur als „Tagträume" eines guten Mannes vorgeführt, verspottet von den Bösen. Nicht als tatsächlich mögliche Zukunft, sondern als Beschreibung der Gedanken und auch der Naivität von Güte. Wunschutopien begleiten uns von der Antike über die Renaissance bis in die Moderne. Bis Karl Marx. Für Marx, einen modernen Autor, liegt die Wunschutopie nicht hinter uns, sondern vor uns. So träumt er in seiner Jugend, in den Pariser Manuskripten, und ebenso gegen Ende seines Lebens, in seiner Kritik des Gothaer Programms.

Wie hat Marx den Kommunismus der Wünsche beschrieben? Ganz ähnlich wie Ovid. Es wird dort keinen Staat geben und keine Gesetze. Es wird keine Politik geben, keine Armeen, keinen Krieg. Es wird keinen Markt geben, überhaupt keine Wirtschaft, kein Geld, und Gold wird wertlos sein. Die Natur wird ihren Reichtum bereitstellen, weit über die menschlichen Bedürfnisse hinaus. Alle menschlichen Bedürfnisse werden befriedigt. Was wir unter „alle Bedürfnisse" verstehen, ist unsere Sache. Es wird auch keine Gerechtigkeit geben, denn die wird nur in Zeiten des Mangels gebraucht, nicht unter den Umständen von Überfluss. Es wird keine Herren geben, keine Diener, keine Regeln, keinen Gehorsam, kein Kommando. Wenn er auf den Tod zu sprechen kommt, fühlt sich Marx unwohl: Den Tod wird es noch geben, als Sieg der menschlichen Art über das einzelne Individuum.

## 2.2 Philosophisch konstruierte Utopien

Nahezu alle Bücher über Utopien beginnen ihre Darstellung mit Platons „Der Staat". Er führt uns (im Namen von Sokrates) in das Thema des idealen Staates oder eher die Idee des Staates ein und diskutiert dabei darüber, ob es besser ist, Unrecht zu erleiden oder zu begehen. Besprechen wir dieses Thema zunächst „im Großen", meint er, am Modell des Staates.

Die „Idee" des gerechten Staates ist nicht ohne Gesetze, im Gegenteil: Die Idee ist die Gerechtigkeit selbst, und die kann nur in einem gerechten Staat mit gerechten Gesetzen herrschen. Wo es Gesetze gibt und Pflichten, wo es Arbeit gibt, Soldaten, Regeln und jene, die diesen Regeln unterworfen sind. Nicht alle Bedürfnisse werden dort erfüllt, im Gegenteil, verschiedene Bedürfnisse werden im Interesse des Staates (der Gerechtigkeit) selbst verschiedenen Kasten oder Klassen zugeordnet.

Diese sind wie folgt geschichtet: Die niedrigste ist die Kaste der Wünsche, ihre Tugend ist die Mäßigung. Die mittlere Kaste ist die der bewaffneten Männer und Frauen, deren Haupttugend Mut ist. Die oberste Kaste ist die der Philosophen, ihre Tugend ist die Weisheit. Weil alle drei Kasten eine der Tugenden der menschlichen Seele verkörpern, ist ein Staat, bei dem die Zusammenarbeit der drei Kasten unter der Herrschaft der Meisterkaste (der Philosophen) garantiert und bewahrt wird, ein gerechter Staat. In einem gerechten Staat bedeutet Gerechtigkeit, dass jedes Mitglied einer Kaste deren Aufgabe erfüllt, jeder sollte seine Arbeit tun. Dies trifft auch auf die unterste Kaste zu, die Kaste der landwirtschaftlichen und manuellen Arbeiter. Sie sollen ihr Leben lang dieselbe Arbeit verrichten. Arbeitsteilung wird festgelegt, Privateigentum ist nicht gestattet.

Dies ist kein Traum, sondern ein Modell, sein Ziel ist Stabilität. Veränderungen werden vermieden, denn jede Veränderung zerstört den Staat. Das Modell ist das Ergebnis historischer Erfahrung.

Dies ist eine stark vereinfachte Darstellung von Platons Utopie, denn ich habe die transzendenten, im Wesentlichen philosophischen Aspekte des Konzepts vernachlässigt. Ich wollte nur die Unterschiede zwischen den beiden Arten von Utopie zeigen.

Platons Staat hat wenig mit den Wunschutopien gemein, schon aus dem Grund, weil Begierden einschließlich der Vorstellung von Begierden in der Philosophie zu den geringsten menschlichen Möglichkeiten gehören. Während in den Wunschutopien kein Vergnügen verboten ist, auch wenn die Leute nicht alle auskosten, sind hier alle, auch die erlaubten, streng geregelt. Persönliche, individuelle Freiheit ist ausgeschlossen, während in den Wunschutopien jeder und jede frei das tun kann, was immer er oder sie möchte. Vor allem aus diesem Grund hat Karl Popper Platons Staat in seinem Buch „Die offene Gesellschaft und ihre Feinde" als totalitär bezeichnet.

Trotz der Unterschiede zwischen Platons konstruierter Utopie und den Wunschutopien gibt es auch Gemeinsamkeiten.

Da ist einmal der Umstand, dass Platons Staat kein Privateigentum kennt. Es kann keine Verträge geben, keinen Handel, kein Kaufen und Verkaufen. Nacktheit ist nicht beschämend. Buben und Mädchen der mittleren Kaste treiben nackt gemeinsam Sport. Frauen können ebenso Soldaten sein wie Männer. Es gibt keine Familie. Allerdings entscheiden während der Periode der Fruchtbarkeit Staatsbeamte darüber, wer wen schwängert, um gesunde Kinder zu erzeugen. Nach der Zeit der Fruchtbarkeit ist die Liebe frei.

Auf der anderen Seite erheben die meisten Wunschutopien Anspruch auf Gerechtigkeit. Bei Ovid (im Goldenen Zeitalter) lebten die Menschen nach dem Naturrecht. In der Bibel wurde die

Utopie als das „Andere“ dargestellt, das Gegenteil einer ungerechten Welt. Die Menschen leben einfach in der Gnade Gottes. Nur Marx bestand darauf, dass Gerechtigkeit, eine Tugend des Mangels, in einer Welt des Überflusses keinen Platz haben würde.

Ich nehme an, dass niemand aus unserer heutigen Welt gern in Platons Staat leben würde, in dieser philosophisch konstruierten Utopie. Platon wusste, dass das Projekt unrealisierbar ist, und das wussten sowohl jene, die sein Projekt der Politeia nachahmten, wie auch jene, die es ablehnten. Deshalb wurde es als Utopie geschrieben, noch bevor es das Wort „Utopie“ gab. Für uns wie für viele Generationen vor uns ist es ein Segen, dass das Projekt nicht realisierbar ist, denn es ist auch nicht erstrebenswert. Schlimmer noch: Es ist kein schöner Traum.

Platons „Staat“ blieb auch während der Renaissance ein Modell für konstruierte philosophische Utopien, allen voran für jene Arbeit, die dem Genre den Namen gab, für die „Utopia“ von Thomas Morus. Das Modell blieb, doch die historische Einbildungskraft änderte sich grundlegend, und dieser Wandel hat die Arbeit in vielfacher Weise geprägt.

Das Zeitalter von Morus war eine Periode fieberhafter Entdeckungen unbekannter Kontinente, Inseln, Völker, eine Zeit der Erfahrungen mit anderen Welten, Sitten, Lebensweisen und ihren Geschichten. Das Interesse am „Anderssein“ war gewaltig. Tagebücher von Reisenden gingen runter wie Honig, und vieles wurde glaubwürdig, was zuvor unglaubwürdig geklungen hatte. Umgeben von diesem „Klima“, präsentierte Morus sein „Utopia“, seinen perfekten Staat, nicht als philosophische Konstruktion, sondern so, als ob er existierte. Die Geschichte ging davon aus, dass die Lebensart, die Gebräuche, die Tugenden dieser Insel nicht von Morus erfunden seien, sondern ganz im Gegenteil von einem weisen Führer bestimmt, einem modernen Lykurg namens Utopus.

Der Autor selbst war nie dort, hat die Insel nie gesehen, nur von ihrer Existenz gehört. Von jemandem, der sie kannte, einem Mann namens Raphael Hythloday, dem die Werke Ciceros sehr geläufig waren.

Das erste Buch von „Utopia“ enthält hauptsächlich ein Gespräch zwischen einem Seemann und dem Autor. Die Botschaft ist eine radikale Kritik an der Lage der Dinge in England, wo der Autor seine politische Position innehat, am Ende die eines Lord Chancellor. Morus berichtet (durch Raphael) von Elend und Armut auf dem englischen Land, wo Schafe angefangen haben, „so gefräßig und zügellos zu werden, dass sie die Menschen selbst auffressen und die Äcker, Häuser, Familienheime verwüsten und entvölkern.“ (Sein Erzfeind Cromwell hatte im Parlament einen sehr ähnlichen Bericht über Massenarmut und Hungersnot gegeben und einige Gegenmaßnahmen empfohlen, die abgelehnt wurden.)

Das zweite Buch ist der Beschreibung des idealen Staates gewidmet, also einer idealen Staatengemeinschaft. Der Gegensatz zwischen dem bitteren Bericht über den hoffnungslosen Zustand des Commonwealth und der begeisterten Schilderung des großartigen Utopia folgt ebenfalls der Überlieferung. Auch Platon hatte den idealen Staat allen „real existierenden Staaten“ gegenübergestellt, insbesondere der Demokratie und der Tyrannei. Alle Utopien werden zukünftig diesem Modell folgen.

Hier sei angemerkt, dass Morus an einer Stelle des Buches beim Nachdenken über den Bericht des angeblichen Seemannes zugibt, dass Utopia nicht realisierbar ist, doch ist es so, wie er den Commonwealth gerne hätte.

Trotz aller Ähnlichkeiten gibt es einen entscheidenden Unterschied zwischen dem Modell (Platons Republik) und Morus’ Utopia. In diesem Unterschied kommt der Wandel der historischen Einbildungskraft zum Ausdruck. Im modernen Utopia gibt es keine Kasten. Die Gemeinschaft besteht aus Männern und Frauen mit gleichen Rechten und Pflichten. Es gibt immer noch Leibeigene, aber sie sind nicht Teil der Gemeinschaft und werden eher menschlich behandelt. Die Geburt sichert keine soziale Position. Jeder Anführer wird auf ein Jahr in seine Position gewählt. Und es herrscht strenge Monogamie.

Was also haben die antike philosophische Konstruktion des idealen Staates und jene der Renaissance grundsätzlich gemeinsam? Die Abschaffung des Privateigentums. Man glaubte, das Privateigentum sei die Ursache der Ungleichheit unter den Menschen und als solches die Ursache allen Übels. Ohne Privateigentum gäbe es keine Kriege, keine Gewalt, keine Herrschaft, keinen Wettbewerb, keinen Neid, keine Eifersucht, keine Tyrannei.

Wie kann man die Bedürfnisse der Bevölkerung ohne Privateigentum erfüllen? Jeder sollte arbeiten, aber nicht zu viel: etwa sechs Stunden am Tag. Landwirtschaftliche Arbeit ist Pflicht. Die gewählten Anführer haben die Pflicht, die Arbeitenden zu beaufsichtigen.

Zugleich sind die Bedürfnisse der Menschen von Utopia bescheiden. Sie brauchen keinen Luxus, tatsächlich brauchen sie alle das Gleiche: einen Platz zum Leben, etwas Nahrung, etwas freie Zeit, um zu tun, was sie wollen. Die Häuser sind ähnlich, und alle zehn Jahre ziehen sie in ein anderes. Die Kleidung ist aus demselben Material und von derselben Farbe. Sie kommt aus demselben Warenhaus. Natürlich gibt es kein Geld. Es gibt gemeinsame Mahlzeiten, vor denen ein tugendhafter Abschnitt aus einem Buch gelesen wird. Kinder werden bis zum Alter von fünf Jahren in Kindergärten aufgezogen. Ältere bedienen während der gemeinsamen Mahlzeiten. Alle Städte haben nicht weniger als zehn, nicht mehr als 16 erwachsene Einwohner. Die Utopianer hassen den Krieg, aber sie müssen Männer und Frauen auch zu guten Soldaten ausbilden, um ihre Gemeinschaft zu verteidigen. (Bis zu diesem Punkt wirkt Morus' utopische Gemeinschaft wie ein Kibbuz im frühen Israel.)

Die Bewohner von Utopia glauben an die unsterbliche Seele, und dass wir nach der Natur leben sollten (die Bevölkerung dieser Insel ist christlich und stoisch!). Frauen und Männer müssen einander vor der Hochzeit nackt sehen. Voreehelicher Sex ist ausgeschlossen und strafbar. Ehebruch wird meist mit Sklaverei bestraft. Frauen gehorchen ihrem Ehemann, Kindern ihren Eltern. In der Kirche sitzen Männer und Frauen getrennt.

Dies sind die einzigen Punkte in Utopia, an denen man erkennt, dass Morus ein puritanischer Katholik war (was wir aus seiner persönlichen Geschichte wissen), der Feinde des wahren Glaubens mit dem Tod bestrafte und am Ende selbst aufgrund eines anderen wahren Glaubens hingerichtet wurde. England war wirklich keine Insel Utopia.

Die andere bekannte Utopie der Renaissance wurde nicht nur nach Platon, sondern auch nach Morus gestaltet. Verfasst hat sie ein häretischer Priester namens Tommaso Campanella. Seine ebenfalls in Dialogform geschriebene Utopie nannte er „Der Sonnenstaat". Das Fundament auch seiner Utopie ist die Abschaffung des Privateigentums, die angebliche Quelle jeder Malaise.

In einer Sache kehrt Campanella von Morus zu Platon zurück, nämlich in der Biopolitik. Frauen jünger als 19 und Männer jünger als 24 sollten sich nicht paaren, doch nachher ist alles erlaubt, außer Sodomie. Doch obwohl alles erlaubt ist, wird die Liebe von Beamten kontrolliert, die bestimmen, wer am besten zu wem passt – je nach Größe, Gesundheit und anderen Parametern. Bevor sie sich paaren, müssen sie schöne Skulpturen betrachten. Wird eine Frau von einem Mann nicht schwanger, schickt man sie zu einem anderen. (Offensichtlich hat sich die viktorianische Ansicht, dass nur die Frau für Unfruchtbarkeit verantwortlich ist, noch nicht allgemein durchgesetzt.) Doch sind Frauen für die Fortpflanzung Gemeineigentum. (Für zukünftige Utopianer, die glauben, dass Privateigentum die Ursache allen Übels sei, wird es schwierig, den Privatbesitz einer Ehefrau zu argumentieren. Morus muss korrigiert werden!)

Erst ganz am Ende der Renaissancezeit entsteht die erste zukunftsorientierte Utopie – wieder entworfen von einem Lord Chancellor –, das (unvollendete) „Neu-Atlantis“ von Francis Bacon. Der Titel bezieht sich polemisch auf Platon. Die Stadt Atlantis war in alter Zeit eine berühmte Insel, die nach der von Platon übernommenen Legende untergegangen ist und jetzt tief unter dem Meer liegt. Das neue Atlantis wird von Menschen gebaut, die über Wissenschaft und Technologie verfügen.

Auf diese Weise kam die Idee des Fortschritts in die historische Einbildungskraft. „Neu“ wird besser sein als „Alt“. Diese moderne Ansicht wird bis ins 20. Jahrhundert vorherrschen.

# 3. Werden alle Revolutionen verraten? Über „sozialistische“ Utopien und den Traum von der „anthropologischen Wende“

## 3.1 Das „utopische Moment“ und der neue Republikanismus

Ein utopisches Moment ist weder eine Wunschutopie noch eine philosophische Konstruktion. Es ist die feste Überzeugung der historischen Akteure, dass sie durch ihre Handlungen zur Schaffung einer besseren, neuen, freien Welt beitragen. Sie haben meist starke Vorstellungen und Ideen über die heraufziehende neue Welt. Dabei geht es nicht um ein „Schlaraffenland“, nicht um eine sorglose Welt, keine erotische Spielwiese, sondern eine Welt mit neuen Institutionen. Die Idee einer perfekten, bis ins Detail gestalteten Gesellschaft gehört nicht dazu.

In der modernen Geschichte gibt es sehr unterschiedliche „utopische Momente“. Ihre Ideen können verschieden sein, abhängig von Zeit und Ort und besonders vom Projekt. Doch eines haben alle utopischen Momente gemeinsam: Sie werden von Enthusiasten getragen, die bereit sind, ihr Leben zu opfern, und zwar nicht nur für den Sieg „der Sache“, sondern für die Verwirklichung ihrer Ideen.

Ob der moralische Gehalt der Ideen, für die sie sich einsetzen, in den Augen von Außenstehenden gut, gleichgültig oder sogar schlecht ist, hat keinen Einfluss auf die Begeisterung der Akteure, die das utopische Moment tragen.

Es ist wichtig, dass ein Sieg für Handelnde und Erzeuger eines utopischen Moments in der Verwirklichung ihrer Ideen besteht, in der Verkörperung ihrer Ideen in einem Staat, einer Gesellschaft, unterstützt von einer Bevölkerung, durch Revolution oder Evolution.

Vorbedingung des utopischen Moments ist die Idee des Fortschritts.

Diese Idee ist normalerweise mit der Überzeugung verbunden, dass es eine „universelle“ Geschichte gibt, die „stetig voranschreitet“, wenn auch vielleicht mit gewissen Verzögerungen. Die Frage, warum sie stetig voranschreitet und was die treibende Kraft ist, kann auf viele verschiedene Arten beantwortet werden: Sie schreitet durch Gottes Willen voran, durch die menschliche Sehnsucht nach Freiheit, durch den Weltgeist, durch kumulierendes Wissen, durch die Entwicklung der Produktionsmittel. Doch was immer die treibende Kraft ist, der Fortschritt ist ein teleologisches Konzept. Die Welt (unsere Welt) bewegt sich auf etwas zu, auf Verbesserung, Perfektion, Freiheit.

Die Idee des Fortschritts ist nicht nur eine Bedingung des utopischen Moments, sondern auch sein Fundament. Die „neue, bessere“ Welt der Zukunft wird durch die gegenwärtige vorbereitet, durch unsere Gegenwart. Aber sie wird kommen, weil sie kommen muss. Der alte Vergleich des Sokrates wird mit anderem Inhalt gefüllt. Wie Sokrates sich für den Geburtshelfer wahrer Gedanken hielt, so halten sich die modernen Akteure für Geburtshelfer einer wirklich wahren neuen Welt.

Ich nenne das utopische Moment „Revolution“. Es gibt zwei Arten von Revolutionen. Die eine passiert, die andere findet statt.

Bereits im 18. Jahrhundert gingen verschiedene europäische Denker davon aus, dass die Idee des Fortschritts als Evolution (der menschlichen Welt, der menschlichen Natur durch die Geschichte)

Voraussetzung für das utopische Moment sei. Nicht dass sie von allen akzeptiert wurde. Sogar einige Anhänger der Aufklärung (und nicht nur Traditionalisten) wie Moses Mendelssohn erhoben ihre Stimme gegen die „große Erzählung“ vom Fortschritt, auch gegen seinen Freund Kant. Seiner Meinung nach gelten Vorstellungen wie Fortschritt, Evolution, Perfektion nur für Individuen, nicht für die Geschichte. Die Unterschiedlichkeit von Ideen, das Aufeinanderprallen von Meinungen gehört zu einer Welt dauernder Umwälzungen.

Alle Vertragstheorien von Hobbes bis Rousseau enthalten ein utopisches Moment. Sie alle konstruieren eine Vergangenheit, einen „Anfang“, um grundlegende sozialpolitische Strukturen und Institutionen zu rechtfertigen, die als „am besten“ für die Zukunft gelten. In den meisten nimmt das Privateigentum, der Feind der meisten „geschlossenen“ Utopien, ihren Platz ein. Utopien (wie die von Platon, Morus, Campanella und einigen Autoren des 19. Jahrhunderts, auf die ich noch zurückkommen werde) sind geschlossene Gesellschaften, denn sie werden gegen äußere Einflüsse vor allen Veränderungen geschützt (zumindest ist das der Plan). Sie setzen voraus, dass Privateigentum als solches einen zerstörerischen Einfluss auf jede Welt hat und eine Utopie dagegen geschützt werden muss. Die meisten Vertragstheorien jedoch teilen diese Ansicht nicht. Privateigentum ist zumindest eine Bedingung für individuelle Freiheit, und individuelle Freiheit ist ihrerseits eine Bedingung für politische Freiheit.

Jede Utopie enthält eine Art „Anthropologie“, eine Sichtweise der menschlichen Natur als solcher, und die Akteure oder Autoren utopischer Momente bilden da keine Ausnahme. Manche von ihnen gehen davon aus, dass Menschen (ganz allgemein) mit Empathie geboren werden, andere, dass sie von Natur aus aggressiv sind, natürliche Altruisten oder doch eher Egoisten. Die von ihnen ersonnenen, vorgeschlagenen oder geschaffenen Gesellschaften und politischen Institutionen sollen das Beste „im Menschen" entwickeln. Wie Kant gemeint hat, brauchen wir Institutionen, in deren Rahmen sich sogar ein Volk von Teufeln anständig benehmen würde.

Kant nimmt in dieser Geschichte einen besonderen Platz ein, denn er stellt die Idee des Fortschritts als Voraussetzung dar für das utopische Moment des Republikanismus. Er war auch derjenige, der auf der Grundlage des republikanischen utopischen Moments die Utopie des ewigen Friedens entworfen hat.

Bereits der Titel seines Werkes „Idee zu einer allgemeinen Geschichte in weltbürgerlicher Absicht" mobilisiert zwei utopische Momente: Universalismus und Kosmopolitismus. Überflüssig anzumerken, warum sie utopische Ideen sind, sind sie es doch bis heute, wo sie von vielen eben wegen ihres Utopianismus verworfen und lächerlich gemacht werden.

Kant behauptet nicht, es gebe Fortschritt in der Geschichte: „Ich werde also annehmen dürfen", sagt er allerdings, „dass wie die Kultur sich entwickelt so auch die Moral sich immer verbessern wird." Sofort stellt er seine „Anthropologie" klar. Menschen sind die einzigen vernünftigen Wesen auf der Erde, die in der Lage sind, sich durch Vernunft zu vervollkommnen (und dies daher tun sollten). Zugleich werden die Menschen durch ungesellige Geselligkeit gekennzeichnet, Egoismus und Antagonismus gehören zu ihrem sozialen Charakter. Die Voraussetzung ihrer Perfektionierung ist die Einrichtung einer zivilen Gesellschaft, die durch Gesetze regiert wird, in der die Freiheit der Bürger durch solche „externen" Gesetze gewährt und gewährleistet wird (also nicht durch eine transzendentale Freiheit in uns selbst). Eine Republik, in der jeder tun kann, was immer er möchte, solange die Freiheit anderer dadurch nicht eingeschränkt wird.

Die Utopie des ewigen Friedens setzt ein utopisches Moment namens Republik voraus. Kosmopolitismus setzt Republikanismus voraus. Republiken gehören in den kosmopolitischen Vertrag.

Voraussetzung für diesen Vertrag sind folgende Einschränkungen: Keine Republik sollte eine stehende Armee haben oder äußere Schulden. Republiken sollten sich nicht in die Verfassung anderer Staaten einmischen. Gegenseitiges Vertrauen muss aufgebaut werden. Ist dies erreicht, müssen Republiken eine gemeinsame Verfassung errichten. Die Voraussetzungen für eine gemeinsame Verfassung sind: Alle Vertragsstaaten müssen republikanisch sein, alle Bürger freie Menschen, alle den allgemeinen Gesetzen unterworfen, alle vor dem Gesetz gleich. Dies ist die Ordnung für eine maximale menschliche Freiheit im Staat und zwischen den Staaten. Am schwierigsten aufzubauen und aufrechtzuerhalten ist der Föderalismus. Zum Rechtswesen der Nationen gehört auf jeden Fall universelle Gastfreundschaft.

Kant weiß um den utopischen Charakters des Projekts. Ewiger Friede und seine Bedingung ist eine transzendente Idee, nicht empirisch (nicht real), vor allem wegen des Widerspruchs zwischen Moral und Politik. Kant versucht, diesen Widerspruch in einem Anhang des Werkes zu überbrücken, doch bleibt der transzendentale Aspekt durch den Bezug zum Primat der „Pflicht" erhalten, die gegen Macht, Gewalt und Interessen steht.

Kants transzendenter Föderalismus erscheint Jürgen Habermas noch immer praktikabel, daher formt dieser die transzendentale Idee der Europäischen Union eng nach dem kantischen Vorbild.

Ich möchte hier die Philosophie für eine Weile verlassen und mich dem utopischen Moment in sozialen und politischen Bewegungen zuwenden, sowohl den Revolutionen, die „ausbrechen" – also politischen Revolutionen –, als auch jenen, die „stattfinden", die Hans Jonas „ontologische/technologische" Revolutionen genannt hat.

Warum spreche ich in diesen Fällen überhaupt von einem utopischen Moment? Was ist utopisch an ontologischen, technologischen oder (heute) sexuellen Revolutionen? Sogar in der Phase nach einer revolutionären Welle fühlen sich die Teilnehmer „verraten", seien es Aktivisten, Anhänger oder Zuschauer. Dafür haben wir nicht gekämpft! Davon haben wir nicht geträumt! Marx hat einmal bemerkt, dass das Reich der Freiheit das Reich der Bourgeoisie sei. Wir könnten heute hinzufügen, dass das Reich des Kommunismus sich als Reich des Massenmords erwiesen hat.

Politisch oder sozial Gläubige fühlen sich normalerweise betrogen oder zumindest stark enttäuscht. Deshalb habe ich von einem utopischen Moment gesprochen. Das utopische Moment schließt unbedingten Glauben, fast Gewissheit über die selige Zukunft ein, die bevorsteht, die durch unsere Handlungen, Anstrengungen, Bewegung, unseren Kampf verwirklicht werden kann. Doch die Welt, die Gesellschaft, der Staat, wovon wir geträumt haben, wird niemals so sein, wie angenommen, das Traumprojekt wird nicht „verwirklicht".

Allerdings werden verschiedene Revolutionen nicht im selben Ausmaß oder auf dieselbe Weise „verraten". Das hängt vor allem von zwei Faktoren ab: erstens vom Inhalt des ursprünglichen Glaubens, ob der „Verrat" in das utopische Moment bereits eingebaut war oder nicht, zweitens davon, ob das Gefühl des „Betrogenseins" daher kommt, dass nicht alle Versprechungen eingehalten wurden, oder dass sie zwar eingehalten wurden, aber nicht so wie versprochen. Oder dass das Gegenteil der Versprechungen Geschehen ist, vielleicht etwas völlig anderes, sodass die Revolution selbst und ihr utopisches Moment rückblickend eher wie eine Dystopie aussieht (wie das bei totalitären Revolutionen der Fall ist). Es leuchtet ein, dass verlorene Revolutionen nicht verraten werden können, sondern eher als Utopien in Erinnerung bleiben, die „hinter uns liegen".

Das erste historisch bedeutende utopische Moment in unserer Geschichte war die amerikanische Revolution, das jüngste die Bewegung von 1968. Sie haben zwei Dinge gemeinsam: das sehr starke Gefühl, etwas völlig Neues zu tun, also die starke Präsenz eines utopischen Moments. Und dass keine von beiden verraten wurde, auch wenn einige Aktivisten, Enthusiasten, Kämpfer sehr enttäuscht waren oder sich sogar betrogen fühlten. Die Tatsache, dass die erste eine politische Revolution verbunden mit einem Unabhängigkeitskrieg war, während die zweite nur eine soziale Bewegung war, ist wichtig, aber nicht im Bezug auf das utopische Moment.

Das utopische Moment der amerikanischen Revolution ist in der Unabhängigkeitserklärung klar formuliert, in der alle modernen Werte als Grundlage des neuen Gemeinwesens aufgezählt werden. Dasselbe utopische Moment kennzeichnete die Entscheidung zur Unabhängigkeit. Als in der Versammlung der neu konstituierten Vereinigten Staaten die Frage erhoben wurde, wen man bitten sollte, König zu werden (wie das die Briten taten), und Adams aufstand und erklärte, „wir werden eine Republik sein", war die Idee nicht nur neu, sondern widersprach auch allen Theorien, die davon ausgingen, dass sich eine Republik nur für kleine Staaten eignet, am besten Stadtstaaten. Trotzdem sind die Vereinigten Staaten eine Republik geworden, unabhängig und demokratisch.

Viele Anhänger hatten dennoch das Gefühl, dass die Revolution verraten worden war – verschiedene Anhänger aus verschiedenen Gründen. Einige, weil die Verfassungen mancher Staaten Sklaverei vorsahen, obwohl die Unabhängigkeitserklärung festgestellt hatte, dass alle Menschen frei geboren seien. Andere waren ziemlich enttäuscht, weil Hamilton die Bank von Amerika einrichtete, während sie überzeugt waren, dass freie Staaten keine Banken haben und nicht vom Geld regiert werden dürften wie England. Das utopische Moment war weg. Die Sklaverei wurde im blutigsten aller Bürgerkriege abgeschafft, und Banken spielen heute in Amerika zweifellos eine viel größere Rolle als zur Zeit Hamiltons.

Das utopische Moment der Bewegung von 1968 kam in dem bekannten Motto zum Ausdruck: Um das Mögliche zu erreichen, müssen wir nach dem Unmöglichen streben. Und das taten sie. Manches „Unmögliche" blieb unmöglich, zum Beispiel das Ende der Konsumgesellschaft, die Kommune als beherrschende Lebensform, allgemeine Selbstbestimmung usw. Anderes wurde möglich, zum Beispiel sexuelle Befreiung, Ende der Bekleidungsordnung, Rechte der Homosexuellen, Mitbestimmung der Studenten usw. Manche sind enttäuscht und trauern ihren Träumen nach, andere beteiligen sich an der Politik oder neuen zivilen Bewegungen, obwohl sie mit den Ergebnissen unzufrieden sind.

Zwischen der amerikanischen Revolution und der 1968er-Bewegung gab es reichlich utopische Bewegungen, darunter die große französische Revolution und die totalitären Revolutionen (die russische und die deutsche) in Europa sowie mehrere andere in Lateinamerika und Asien: Alle wurden verraten oder enttäuschten ihre Anhänger, allerdings nicht ihre Kritiker und Feinde. (Bekanntlich stammt der Ausdruck „verratene Revolution" von Trotzki.)

## 3.2. Die letzten utopischen Konstrukte: Die Geschichte des Sozialismus von Utopia nach Utopia und die „anthropologische Wende"

Wenn ich von den „letzten Utopien" spreche, meine ich die letzten sozialen Utopien. Technologische Utopien wurden und werden von der laufenden technologischen Revolution am Leben erhalten. Natürlich werden auch manche technologischen Revolutionen verraten. Während die Industrialisierung die Befreiung der Arbeiter von der Last der Arbeit versprach, schrien manche (wie Sismondi) enttäuscht, alle Arbeiter seien jetzt Sklaven der Arbeitsteilung. Für manche Kulturkritiker ist die technische Entwicklung als solche schon eine Art Teufel, die die europäische Zivilisation und europäisches Denken zerstört. Heidegger meinte, wir seien von technologischer Einbildungskraft eingerahmt. Alles in allem versprechen technologische Revolutionen jedoch immer etwas Neues, sie haben ihre eigenen Anhänger, Akteure und Gläubigen (nicht notwendigerweise Naturwissenschaftler) und ein utopisches Moment – von den Romanen Jules Vernes bis zur zeitgenössischen Science-Fiction.

Dass soziale Utopien verschwunden sind, während es naturwissenschaftliche Utopien nach wie vor gibt, hat einen einfachen Grund: die veränderte Rolle der Fortschrittsidee in der gegenwärtigen historischen Einbildungskraft. Die Idee des Fortschritts scheint die Schlacht auf den Feldern von Gesellschaft, Politik und sogar Kunst verloren zu haben, doch ihre Bedeutung in der Naturwissenschaft hat sie behalten. In der Naturwissenschaft geht es um Wissen, und die wissenschaftliche und technologische Anwendung dieses Wissens wird nach wie vor akkumuliert, sogar mit zunehmender Geschwindigkeit. Diese Akkumulation kann man als Fortschritt sehen, auch wenn manche Nebenwirkungen äußerst beunruhigend sind. Aber solange Wissen akkumuliert wird, solange neue technologische Geräte erfunden, gebaut und verteilt werden, kann man von Fortschritt sprechen, trotz aller Nebenwirkungen. Ein solcher Fortschritt, also die Anhäufung von „Know-how“ und „Know-what“, kann auch in Zukunft erwartet werden.

Solche Geräte und die neue Art zu leben, die ihr Gebrauch mit sich bringt, werden von Sozialtheoretikern kritisiert und als Instrumente der Manipulation verunglimpft. Dafür, dass sie falsche

Bedürfnisse wecken, für ihre Abneigung gegen Moral und ein gutes Leben. Keiner von ihnen kann den technischen Fortschritt beenden, auch wenn sie Druck auf die Gesetzgebung ausüben können, um den Einsatz mancher Technologien zu begrenzen (wie der Atomenergie oder des Klonens von Menschen).

Hoffnung, Furcht und Bedürfnisse werden im „utopischen Moment" radikal neu geordnet. Die Utopien eines Goldenen Zeitalters und ähnliche werden vom Gefühl der Nostalgie beherrscht. Die Utopie liegt hinter uns. Weder Hoffnung noch Furcht. Das Paradies ist verloren.

Die zukunftsorientierten biblischen Utopien von Erlösung und dem Reich Gottes werden allein von Hoffnung getrieben. Doch weil diese Hoffnung auf dem absoluten Vertrauen in Gott und seine Versprechen beruht, sind Hoffnung und Vertrauen fast Gewissheit. Gläubige wissen sicher (sonst wären sie keine Gläubigen), dass das Reich Gottes nahe ist, dass der Messias kommt, auch wenn wir nicht wissen, wann.

Die philosophischen Konstrukte eines „gerechten Staates" oder einer „gerechten Gesellschaft" von Platon, Morus und Campanella werden von der Hoffnung auf die Möglichkeit begleitet. Diese Hoffnung beruht auf zwei Säulen, auf der Befreiung von zwei grundlegenden Problemen (und damit von Bürgerkrieg, lockerer Moral und der Ungerechtigkeit): einerseits vom privaten, persönlichen Eigentum, andererseits von unregulierten sexuellen Praktiken – unter Bevorzugung von Gemeineigentum und Biopolitik.

Eben weil die zwei Säulen der Utopien – die eine zentrale Gewalt voraussetzen, auch wenn diese frei angenommen wurde – für moderne Männer und Frauen nicht attraktiv sind, möchten wir in keiner dieser Utopien leben. Für uns sehen sie wie Dystopien aus. Auch wenn man Platon vergisst und stattdessen Morus wählt und außerdem die biopolitischen Aspekte seiner Utopie ignoriert, ist das Modell nur für eine sehr kleine Minderheit als Lebensform attraktiv, und auch für diese nur, wenn ihre Gemeinschaft auf einer starken gemeinsamen Überzeugung basiert, sei sie religiös oder nicht. Doch dann sind utopischer Geist und Hoffnung nicht auf die Gemeinschaft selbst gerichtet, sondern auf eine höhere Absicht, der diese Gemeinschaft dient (religiösen oder anderen Ideen).

Das „utopische Moment" ist Umsetzung der utopischen Hoffnung. Wünsche werden wirksam. Träger solcher utopischen Momente träumen nicht vom Goldenen Zeitalter hinter oder vor uns. Sie stützen ihre Hoffnung weder auf einen großen Gestalter noch auf göttliche Erlösung. Sie sind entschlossen, die glänzende, ganz neue Zukunft selbst zu erkämpfen und zu schaffen. Sie können wie alle Utopisten vor ihnen durch Unmut und Hass auf soziale Ungerechtigkeit und das Leid der Armen getrieben werden, durch alle Übel der Welt, doch sie verlassen sich auf das Wissen von den historischen Bedingungen, die eine radikale Veränderung erstrebenswert und eine geliebte bessere Zukunft möglich machen. Ihre Hoffnung ist nicht nur durch Bedürfnisse motiviert, sondern auch durch Verstehen. Obwohl auch sie Pläne für eine alternative Gesellschaft schmieden, sind sie von Ideen getrieben. Das können einfache, rein transzendentale Ideen sein wie Freiheit, Gerechtigkeit, Gleichheit, Brüderlichkeit.

Auch rein transzendentale Ideen müssen auf die empirische Ebene übersetzt werden. Das ist der Fall beim Republikanismus (Freiheit als politische Freiheit, als Recht von Individuen und Minderheiten, in Form von gewählten Institutionen usw.), Gleichheit (vor dem Gesetz) oder Brüderlichkeit (Freundschaft, Einigkeit, Solidarität). Die empirische Übersetzung transzendentaler Ideen geschieht über Überzeugungen und Konzepte, über die Ziele, denen eine Bewegung dient. Wenn solche Verbindungen ein offenbarendes Konzept der Wahrheit beinhalten oder erfordern, haben wir es mit Ideologien zu tun. (Ideologie ist eine moderne politische Idee, die von den Akteuren als absolute Wahrheit dargestellt wird.)

Ein Grund, warum Revolutionen verraten werden, ist die Notwendigkeit einer empirischen Umsetzung transzendentaler Ideen, die als Ideologien fungieren.

Die Hauptleidenschaft ist Hoffnung, denn sie ist im utopischen Moment enthalten und gründet sich auf Möglichkeit und Wahrscheinlichkeit, nicht auf gläubige Gewissheit. Deshalb werden Leidenschaft und Begeisterung der Akteure benötigt, als Vorbedingung für den Plan, diese Ideen zu verwirklichen. (Ideen können nicht verwirklicht werden, deshalb werden Revolutionen verraten.) Wenn man Wahrscheinlichkeit annimmt, liegt das Gewicht der Verantwortung auf den Schultern der Akteure. Man geht davon aus, dass die freie und gerechte neue Welt kommen wird, wenn wir, die Handelnden, alles in unserer Macht Stehende tun, um Wahrscheinlichkeit in Wirklichkeit zu verwandeln. Hinter der Maske zweckbedingter Hoffnung lauert das Gesicht der Furcht: Furcht vor einer Niederlage durch unser Versagen.

Viele Revolutionen wurden besiegt, doch unter dem Antrieb des utopischen Moments wurde die Furcht in den Hintergrund gedrängt, anders hätte man gar nicht von einem utopischen Moment sprechen können.

Engels hat ein Buch mit dem Titel „Die Entwicklung des Sozialismus von der Utopie zur Wissenschaft“ geschrieben. Er spricht darin von utopischen Sozialisten wie Owen, Saint-Simon, Fourier, Cabet und anderen, deren Ideen nicht realisierbar waren und nur Träume blieben, weil sie auf reiner Fantasie beruhten und nicht auf Wissenschaft. Ihnen stellte er die Werke von Marx gegenüber, die auf Wissenschaft aufbauten. Wissenschaftlicher Sozialismus ist nicht utopisch, weil die Vorhersage des Sozialismus aus einem wissenschaftlichen Verständnis von Geschichte abgeleitet wird: Kapitalistische Produktionsweise und Enteignung führen zwangsläufig zur neuen sozialistischen (kommunistischen) Ordnung.

Man braucht keine „Geschichte“, um Engels’ Vorhersage zu widerlegen. Eher das Gegenteil der Vorhersage ist eingetroffen. Natürlich konnten auch die Modelle von Owen, Saint-Simon, Fourier, Cabet und anderen frühen Sozialisten in keinem Staat und keinem größeren sozialen Plan umgesetzt werden. Doch bauten zumindest isolierte Gemeinschaften auf ihren Ideen auf und wurden lebensfähig, sogar für lange Zeit, insbesondere in Amerika. Die meisten dieser Gemeinschaften lösten sich bald auf, doch manche haben bis heute überlebt. Sogar der amerikanische Behaviorist Skinner hat in seinem populären Buch „Walden Two“ die Lebensfähigkeit einer solchen Gemeinschaft im 20. Jahrhundert dargestellt.

Wie ich im Zusammenhang mit Morus schon erwähnt habe, können einige sozialistische Ideen bewahrt und im echten Leben in kleinen Gemeinschaften praktiziert werden, wenn sie von der sie umgebenden Lebensart isoliert werden – vorausgesetzt, die Mitglieder der Gemeinschaft teilen dieselbe Idee oder Überzeugung, meist religiöse, wenn auch nicht immer. Marx’ Modell des wissenschaftlichen Sozialismus hat hingegen niemals Fuß gefasst, es wurde von machtgierigen Diktatoren durch eine gefälschte Version ersetzt.

Die letzten bedeutenden, also einflussreichen Utopien, die nicht als Fiktion, sondern als Modelle gedacht waren, waren die sozialistischen. Die Bedingung „nicht als Fiktion“ schließt „Geschichten“ nicht aus. So folgte zum Beispiel Étienne Cabets „Voyage en Icarie“ dem Typ der utopischen Erzählung von Morus. Doch wie sich das historische Bewusstsein, also das europäische Verständnis unserer Welt, sowohl in der Zeitlichkeit wie auch als treibende Kraft dramatisch verändert hat, so auch die Utopien.

Ich spreche (ganz traditionell) von sozialistischen Utopien. Aber waren nicht alle Utopien sozialistisch? Die Träume von einer Welt ohne Arbeit, ohne Staat, ohne Gesetze, ohne Privateigentum, einer Welt, in der alle Bedürfnisse befriedigt werden? Waren das Goldene Zeitalter, das Schlaraffenland, das Projekt von Shakespeares Gonzalo keine sozialistischen Vorstellungen? Ist die Idee, dass Privateigentum die Wurzel allen Übels ist, nicht eine sozialistische Überzeugung? Warum bezeichnet die Tradition nur Utopien zwischen Aufklärung und 20. Jahrhundert als „sozialistisch"?

Zunächst haben alle sozialistischen Utopien ein „utopisches Moment". Zwar sind sie philosophisch konstruiert, doch anders als frühere Utopien sind sie keine bloß theoretischen Vorschläge. Sie begründen soziale Bewegungen, oder soziale Bewegungen berufen sich auf sie. Sie haben Auswirkungen, sie etablieren Institutionen und Gemeinschaften, sie organisieren Parteien. Es stimmt, dass darin der Feuervogel des „utopischen Moments" in Zeiten des Umbruchs nicht abhebt. Tatsächlich sind nur sehr wenige utopische Sozialisten Freunde von politischen Revolutionen. Ihr utopisches Moment resultiert aus der Idee einer langsam voranschreitenden sozialen Evolution oder aus der Idee eines Gründungsaktes.

Alle sozialistischen Utopien sind auf die Zukunft gerichtet. Sie teilen die eine oder andere Variante der „großen Erzählung", der Vorstellung von der progressiv voranschreitenden menschlichen Geschichte. Sie alle glauben, Handlanger einer neuen sozialen Ordnung zu sein, einer besseren, vielleicht einer perfekten.

Die meisten von ihnen sind große Bewunderer der industriellen Revolutionen, des Fortschritts der Naturwissenschaften und der Technologie. Sie teilen die Überzeugung, dass es die moderne Naturwissenschaft ist, die die neue Welt, den Sozialismus ermöglicht hat. Die meisten sind kommunitär, das heißt sie glauben, dass moderne Technologie und Naturwissenschaft am besten für alle

Menschen der Gemeinschaften gefördert und eingesetzt werden. Saint-Simon zum Beispiel spricht von einer Arbeiterklasse, zu der Industriearbeiter, Manager und Geschäftsleute gehören werden und die der Herrschaft der müßigen Klasse, der Herrschaft der Untätigen ein Ende machen wird, die von der manuellen oder geistigen Arbeit anderer leben. Doch es gibt auch andere Vorschläge.

Auch wenn nicht alle utopischen Sozialisten das Privateigentum für alle sozialen Probleme verantwortlich machen, ziehen sie doch kollektive Eigentümer den individuellen vor. Die meisten utopischen Sozialisten bauen auch ein „republikanisches Moment" ein, eine Art von demokratischer Struktur der Gemeinschaften. Einige der Eigenschaften früherer Utopien bleiben in Kraft, vor allem die Regulierung des privaten, intimen Lebens. Auch wenn dabei wenig Biopolitik übrig bleibt und die Kleinfamilie meist bevorzugt wird, kennen diese Utopien doch keine persönliche Diversität, oder zumindest ist ihr „Ausübung" eingeschränkt. Es gibt keine wirklich attraktiven Vorschläge für die Bedürfnisse der meisten modernen Männer und Frauen.

Keiner der utopischen Autoren glaubte an Utopien.

Die attraktivsten Ideen des 19. Jahrhunderts waren Sozialismus und Wissenschaft. Daher stützten sich alle utopischen Autoren auf die Wissenschaft. Alle glaubten an den Fortschritt und die Unvermeidlichkeit der Morgendämmerung. Der einzige Unterschied zwischen einem utopischen Autor und Marx war, dass manche der Ersteren an einen Mastermind glaubten, einen sozialistischen Lykurg, der die neue Welt nicht nur auf dem Papier gestaltet, sondern sie auch organisiert.

Unter diesen utopischen Autoren verdient Fourier besondere Aufmerksamkeit. Er war kein Freund moderner Wissenschaft, er fand sie unwissenschaftlich, ungeeignet als Grundlage für eine neue, perfekte soziale Organisation. Echte Wissenschaft wendet sich, wie er glaubte, an menschliche Leidenschaften. Nur eine Wissenschaft der menschlichen Leidenschaften könnte als Grundlage einer neuen, perfekten Welt dienen: einer Welt ohne Konflikte, Krieg, Hass, Neid, Eifersucht usw.

Daher gründet sich die neue Arbeitsorganisation auf die Wissenschaft von den Leidenschaften. Es gibt keine böse Leidenschaft. (Fourier stützt sich auf Descartes, der nur eine Ausnahme machte: Fanatismus.) Wenn jeder Mann und jede Frau nach den persönlichen Leidenschaften leben könnte und die Arbeit entsprechend verrichten würde, gäbe es das Böse nicht auf der Welt, nur universale Harmonie – wie in einer musikalischen Komposition. Nero würde zum Beispiel als Metzger arbeiten und völlig zufrieden sein, er täte keiner Fliege etwas zuleide.

Männer und Frauen leben in Gemeinschaften, die „Phalansterium" heißen, und arbeiten hauptsächlich – aber nicht ausschließlich – landwirtschaftlich. Sie sind in sogenannte „Serien" organisiert, in denen Einheit und Zusammenarbeit durch die Unterschiede zwischen den Individuen gewährleistet ist. Alle Phalansterien haben eine Oper und eine Kirche, um spirituelle Bedürfnisse zu befriedigen. Dass es in dieser harmonischen Welt keinen Handel gibt, wird als gegeben vorausgesetzt.

Fourier verdient auch deshalb besondere Aufmerksamkeit, weil er nicht an den allgemeinen Fortschritt glaubt. Zwar kann man von einer Art Evolution von der Wildheit zur Barbarei und schließlich zur Zivilisation sprechen, doch ist dies keinesfalls eine voranschreitende Entwicklung und auch keine rückwärtsgerichtete. Aus diesem Grund legt er auch keinen besonderen Wert auf die Anhäufung wissenschaftlicher Erkenntnisse. Und seine Utopie nimmt auch keine anthropologische Wende an: Die Menschen sind, wie sie sind, sie können in Harmonie leben und müssen nicht zum Besseren gewandelt werden. Verschiedene Persönlichkeiten sollten zur Gründung geeigneter Institutionen eingesetzt werden. Sein Entwurf ähnelt anscheinend dem Kants, den ich bereits erwähnt habe: Wir brauchen Institutionen, in deren Rahmen sich sogar ein Volk von Teufeln anständig benimmt. Kant meinte liberale, republikanische Institutionen, die auf vernünftigen Prinzipien beruhen, Institutionen der Freiheit, Fourier hingegen meinte Institutionen auf der Grundlage der freien Entwicklung und Ausübung von Leidenschaften.

Anders als das von Cabet wurde Fouriers Projekt niemals ausprobiert, aber einige seiner Ideen waren einflussreich. So stützten sich anarchistische Bewegungen auf das Konzept von der ungehinderten Entwicklung aller Leidenschaften als Grundlage für ein gutes Leben, für eine gute Gesellschaft ohne Staat und Gesetze.

Erst für die dystopischen Modelle des 20. Jahrhunderts war die Aufgabe der aufgeklärten Idee einer menschlichen Perfektionierung naheliegend.

Marx, der einflussreichste und glänzende sozialistische Philosoph des 19. Jahrhunderts, gründete seine Erwartungen (mehr als Hoffnungen) auf die Entwicklung der Technologie (der Produktionsmittel) – besonders auf die Annahme, dass die kapitalistische Produktionsweise die Entwicklung der Technologie begrenzt und blockiert. Er zog seine empirisch offensichtlich falsche Schlussfolgerung aus einer modernen Wissenschaft: der Ökonomie als *der* modernen Wissenschaft – allerdings nicht direkt, sondern aus der Kritik der politischen Ökonomie, also einem philosophischen Konzept. Seine philosophischen Vorstellungen waren modern und stützten sich stark auf Hegels große Erzählung, sie waren jedoch in seiner Formulierung post-metaphysisch. Als einziger Denker unter den utopischen Autoren des 19. Jahrhunderts hat er immer noch Einfluss, eben weil seine Philosophie post-metaphysisch und brillant war.

Was den utopischen Aspekt der Marx'schen Philosophie so bemerkenswert macht, ist die Verbindung aller philosophischen Versuche, ein Utopia zu entwerfen, eine Art utopische Synthese.

Alle alten und neuen Utopien sagen „Ja", nachdem sie „Nein" gesagt haben. Sie alle beginnen mit einer ernsten Kritik an der Lage der Dinge in der empirischen Welt, an Ungleichheit, Despotismus, Armut, Amoralität und Ungerechtigkeit in allen ihren Formen. Die biblischen Propheten machen da keine Ausnahme, und auch Marx nicht.

Wunschutopien beschreiben oder stellen eine Welt dar, in der alle Bedürfnisse befriedigt werden, wo Natur und Mensch in Harmonie leben, wo es kein Gesetz, keinen Staat und keinen Krieg gibt. Auch Marx hat dies in den Pariser Manuskripten und in der Kritik des Gothaer Programms getan.

Von Platon bis Morus (und verschiedenen sozialistischen Utopien) wird ein Modell angeboten, wie eine gerechte Gesellschaft aussieht, wie ihre Institutionen funktionieren – ohne Geld, ohne Warenaustausch, ohne Arbeitsteilung. Marx entwickelt derartige Strukturen mehrfach, wenn auch auf ganz verschiedene Arten. Zunächst schließt er sich Fouriers Konzept an: dem Ende der Arbeitsteilung.

Es wird zum Beispiel keine Maler geben, nur Menschen, die unter anderem auch malen. In den „Grundrissen" entwirft er eine Welt, in der alles automatisch läuft und die Menschen außerhalb der Produktion stehen. Im zweiten Band des „Kapital" schlägt er eine Verbindung vor zwischen Morus und der Arbeitswerttheorie: Alle Menschen werden arbeiten und ein Stück Papier bekommen, das ihre Arbeitsstunden nachweist. Mit dieser Bestätigung gehen sie in ein großes Lagerhaus, wo sie den Gegenwert für ihre Arbeitsstunden erhalten (viel komplizierter als ein Warenaustausch). Für das gemeinschaftliche Leben interessiert sich Marx nicht, auch nicht für Repräsentation, denn Politik – Demokratie ebenso wie Tyrannei – werden abgeschafft.

Doch wie kann jemand die Möglichkeit einer Zukunft ernsthaft erwägen, in der es (wie im Goldenen Zeitalter) kein Befehlen und Gehorchen gibt, nicht einmal kommunale Verpflichtungen oder Auflagen, und in der die Menschen das Bedürfnis haben, anständig zu sein, gute Menschen sein wollen, ohne dass es einer Beurteilung oder irgendwelcher Sanktionen bedarf? Lassen Sie mich noch einmal Kant zitieren: „Das Problem der Staatserrichtung ist, so hart wie es auch klingt, selbst für ein Volk von Teufeln (wenn sie nur Verstand haben) auflösbar." Er entwarf republikanische Institutionen einschließlich der Einrichtung eines ewigen Friedens, in deren Rahmen sich die Menschen anständig benehmen würden, wenn auch nicht unbedingt gut. Doch wie und warum sollten oder könnten sich Menschen ohne derartige Institutionen anständig benehmen?

Schon Kant hat den Versuch unternommen, eine absolute, radikale Utopie zu entwerfen, die Utopie einer anthropologischen Wende oder anthropologischen Revolution.

Nehmen wir eine Welt, in der alle Staaten republikanisch sind. Es gibt zwar keine Kriege mehr, aber immer noch Staaten, Gesetze, Ungleichheit, Befehlen und Gehorchen, und das ist notwendig, denn die Angehörigen der menschlichen Rasse folgen lieber ihrem „geliebten Selbst" als den Gesetzen der Moral. Können wir darüber hinausdenken oder zumindest unsere Hoffnung nähren? Worauf dürfen wir hoffen? Auf die radikale Veränderung der menschlichen Natur in zwei Schritten: erstens eine Revolution des Bewusstseins, sodass jeder durch das moralische Gesetz allein geleitet wird, und zweitens eine Umgestaltung der Natur, sodass sie sich an das moralische Gesetz anpasst und die beiden – transzendente Freiheit und Natur – schließlich verschmelzen. Durch die anthropologische Revolution wird alles gut und die Welt der unsichtbaren Kirche wird auf Erden errichtet.

Marx greift dieses Modell in den Pariser Manuskripten auf. Die menschliche Geschichte war (und ist immer noch) eine Geschichte der Entfremdung, in der das „Gattungswesen“ immer reicher wurde, während die natürlichen Menschen der Klassen und Individuen arm bleiben oder ärmer werden – nicht nur in materieller, sondern auch in spiritueller Hinsicht. Der Kommunismus ist nicht das Ende, nicht das Ziel der Geschichte, sondern das Mittel, um die Entfremdung aufzuheben. Menschliche Gattung und Erscheinung werden vereint. Wo menschliche Gattung und Erscheinung vereint sind, braucht man keine Gesetze mehr, keine Verbote, es gibt keinen Egoismus, keinen Altruismus, denn jeder wird gleich gut sein.

Ich spreche von radikaler, absoluter Utopie im Gegensatz zu allen früheren Utopien von Platon bis Fourier.

Paradoxerweise ist die absolute Utopie die einzig realistische. Denn auch die wohlbekannte Utopie mit Institutionen, in deren Rahmen sich alle Menschen anständig benehmen, so wie sie sind, ohne Eigentum, ohne Staat, ohne Gerichte, und vor allem ohne Verbindung zu einer „äußeren“ Welt, ist in sich widersprüchlich. Wer wird diese Institutionen aufbauen und unterhalten? Wie kann sich eine Welt überhaupt ohne Herausforderungen, Konflikte und Konkurrenz entwickeln? Nur die radikale, absolute Idee einer anthropologischen Revolution kann nicht verraten werden. Doch kann man sie erhoffen? Ist die absolute Utopie der anthropologischen Wende gemeinsam mit allen anderen verschwunden?

# 4. Das dystopische Moment und die letzten Utopien

## 4.1 Das dystopische Moment

Das utopische Moment setzt den Glauben an sozialen und historischen Fortschritt voraus, die Möglichkeit der Perfektion – das dystopische Moment bringt den Verlust dieses Glaubens zum Ausdruck. Das ist etwas anderes als die Enttäuschung über die Ergebnisse einer Revolution (die verratene Revolution), denn die Träger des dystopischen Moments haben den Glauben an Revolutionen überhaupt verloren wie auch an den Fortschritt im Allgemeinen. Stendhals Julien Sorel hat seine Begeisterung für Napoleon nicht verloren, obwohl dieser besiegt wurde. Doch der Held von Flauberts „Die Erziehung der Gefühle", Fréderic Moreau, hat seine Illusionen nicht verloren – er hatte nie welche, zumindest über das geschichtliche Theater. Er durchlebt eine Revolution, doch ihm erscheint sie wie ein komisches Schauspiel. Die Periode der „Dekadenz" beginnt.

Was zu Flauberts Zeit „Dekadenz" genannt wurde, war unter anderem das Auftreten des dystopischen Moments. Die große Begeisterung für Fortschritt, für Revolutionen, das Vertrauen und die Hoffnung auf eine bessere Zukunft, die unvermeidlich eintreten wird, verschwindet allmählich. Der Fortschrittsglaube wird sehr bald auch von einigen Revolutionären geschmäht. Etwa von Georges Sorel, der von der „Illusion des Fortschritts" sprach und seine Hoffnung in einen sogenannten „Generalstreik“ setzte, in dem die kapitalistische Gesellschaft in einem sozialen Zusammenbruch, einem menschengemachten Armageddon zur Hölle fährt. Die Idee des Fortschritts ging in den Besitz der Sozialdemokratie über, einer Bewegung, die Sorel und anderen Kritikern zufolge auf dem falschen Glauben an eine Evolution beruhte, auf der Fortsetzung langweiliger Alltagspolitik, ohne Heldentum, ohne etwas, für das man kämpfen kann. Gibt es nichts, worauf man hoffen und für das man kämpfen kann, wird auch das individuelle menschliche Leben leer und ziellos, ohne Sinn, mehr eine Last denn mit offenen Möglichkeiten gesegnet. Arthur Schopenhauer, zur Zeit Hegels ein isolierter Denker, wurde populär, als sein Werk und Name von dystopischen Wellen emporgehoben wurde.

Eines hatten die Träger des utopischen und des dystopischen Moments gemeinsam: „Sozialkritik“ und „Kulturkritik“. Wie wir gesehen haben, geißelten alle utopischen Autoren, von Platon und den biblischen Propheten bis zu den sozialistischen Utopisten, ihre jeweiligen Gesellschaften, Staaten, Gewohnheiten. Die „Kulturkritik“ kam mit dem ersten Erscheinen des dystopischen Moments aufs Tapet. Während sich Marx noch nicht für die Frage interessierte, ob die Größe einer musikalischen Komposition oder Tragödie durch den Fetischismus des Markts verloren ginge, beschwerten sich die utopischen Autoren des 20. Jahrhunderts über das Verschwinden künstlerischen Schaffens und der Kunstrezeption durch die Unterwerfung der Kunst unter den Markt. Es gibt keine Größe mehr, die kapitalistische Gesellschaft unterwirft die Kultur dem Markt und zerstört den Geschmack. Das so verstandene „Ende der Kunst“ wurde sowohl für utopische wie für dystopische Autoren ein Hauptmerkmal des sozialen Verfalls.

„Kulturkritik“ ist heute eine weitverbreitete und populäre europäische Gewohnheit, im 19. und frühen 20. Jahrhundert war sie noch neu, sowohl im utopischen wie im dystopischen Verständnis. Trotzdem kann man die utopischen Versionen von „Kulturkritik" leicht von den dystopischen unterscheiden. Die Autoren der dystopischen Versionen sehen immer noch ein Licht leuchten in der Zukunft, vielleicht nicht Fortschritt, doch eine gewisse Perspektive. Dystopische Autoren dagegen sehen in der Zukunft nichts als hoffnungslose Dunkelheit. In den Augen der meisten dystopischen „Kulturkritiker" war die europäische Kultur bereits endgültig dem Untergang geweiht, während Horkheimers und Adornos berühmtes Büchlein über die „Dialektik der Aufklärung" nicht nur eine dystopische, sondern auch eine utopische Lesart zuließ. Heideggers Kulturkritik bot keine mehr.

Das größte philosophische Genie am Ende des 19. Jahrhunderts, Friedrich Nietzsche, lieferte zahlreiche Ideen, Gedanken, Bezugspunkte sowohl für utopische wie dystopische Momente und wurde von beiden Seiten ausgebeutet. Ob die Rezipienten nun die Beschreibung des „letzten Menschen" oder des „Übermenschen" bevorzugten, ob sie sich auf die Barbarei der „nach Beute und Sieg lüstern schweifenden blonde Bestie" bezogen oder auf Nietzsches Vertrauen in „freie europäische Geister", die die edlen Tugenden wiederaufleben lassen würden – sie alle fanden ihre geistige Nahrung bei Nietzsches geistigen Lebensmitteln. Sogar sein meistzitiertes oder falsch zitiertes Wort vom Tod Gottes wurde von beiden Seiten benutzt.

Im Verständnis der Utopie-Gläubigen bedeutete das, dass wir nach dem Tod des Herrn im Himmel frei sind, unsere Zukunft in die Hand zu nehmen. Die Interpretation der Dystopie-Gläubigen besagte, dass im Gegenteil unser Leben seinen Sinn verloren hat. Das Projekt der Umwertung aller Werte bedeutete für die Utopisten, dass es neue, bessere Werte des Lebens geben werde, die freien Menschen angemessen sein werden. Dystopische Autoren sahen darin die Prophezeiung eines wohlverdienten Endes der jüdisch-christlichen Welt, des Rechts, der Zehn Gebote, des Eckpfeilers europäischer Kultur. In ihren Augen waren die Menschen früher stärker, weil sie ihrem besten Instinkt folgten, dem Instinkt des Lebens, heute sind sie dagegen langweilige Feiglinge. Die Gegenwart ist eine Wüste. Doch wird in Zukunft eine neue Generation gesunder, furchtloser, starker, edler und freie Menschen kommen. Wählen Sie, wenn Sie wollen.

Nietzsches fruchtbare Dualität erfasste die Dualität der historischen Atmosphäre in der zweiten Hälfte des 19. Jahrhunderts genau. Die Dualität von Gedanken und Bildern konnte als utopisch ebenso wie als dystopisch verstanden werden. Dieselbe Dualität beeinflusste auch die emotionale und intellektuelle Ambiguität des kommenden Zeitalters stark.

Das historische Bewusstsein der Zeit und ihre Gefühlslage begünstigten eher das dystopische Moment und verstanden den „Tod Gottes“ als Abschied des Göttlichen von der Erde, der Langeweile und Leere zurückließ. Alle Hoffnungen auf etwas Besseres waren vorbei, obwohl naturwissenschaftliche und technische Utopien florierten, vor allem in den Romanen (etwa bei Jules Verne und H. G. Wells). Der Fortschritt verlor seinen Glanz, das Leben war kleinbürgerlich und langweilig, aus romantischer Liebe wurde viktorianische.

Nichts von dem, was menschliche Fantasie hervorgebracht hat, geht je in historischer Zeit verloren, es wechselt nur von einer Sphäre in eine andere. Das kann man auch von der utopischen Einbildungskraft vom Ende des 19. und Beginn des 20. Jahrhunderts sagen. Die Idee, etwas „Neues“ zu schaffen, die Illusion des Fortschritts, die in der sozialen Einbildungskraft ihren Glanz verloren hatte, fand in der künstlerischen Einbildungskraft einen sicheren Hafen. Ein „Neu“ folgte dem anderen „Neuen“, ein „Ismus“ einem anderen. Die Welt der Kunst wurde eine Zeitlang zur „utopischen Realität". Wer etwas ganz Neues am historischen Horizont erwartete, ging in eine Ausstellung, nicht zu einer politischen Versammlung. Doch zu dieser doppelten „Sublimierung" hatten nur wenige Zugang.

Die wissenschaftliche Revolution dieser Zeit, die psychoanalytische, die Freud begonnen hatte, konnte utopische Wünsche nicht befriedigen, im Gegenteil. Wenn jemand die absolute Utopie der anthropologischen Wende lächerlich machte, dann war das Freud. Wenn jemand uns dazu bewegte, nicht auf die erlösende Kraft politischer oder sozialer Utopien zu warten, dann war das Freud.

Dennoch, wir Menschen können kaum ohne Hoffnung leben. Nur wenige finden masochistischen Genuss daran, dass „alles verloren" ist, finden Vergnügen am unvermeidlichen Untergang. Das „dystopische Moment" ging zudem für einige Zeit verloren, nachdem es sich zum ersten Mal gezeigt hatte – im Juli 1914, als die Europäer eine neue Hoffnung fassten, die später als die Erbsünde Europas bekannt wurde: im Ersten Weltkrieg.

Im Wirbelsturm des Krieges schienen die Europäer das utopische Moment wiederzugewinnen, das in den Jahrzehnten zuvor verloren gegangen war. Die Europäer fühlten sich wieder als Handelnde der Geschichte, die etwas Neues schufen. Doch ihre neu gewonnene Hoffnung erfüllte nicht die Zukunft der Menschheit, sie führte bloß zum Sieg der einen Nationalstaaten über die anderen.

Das utopische Moment dieser Hoffnung erwies sich bald als falsch. Wie die Revolutionäre wurden auch die Kriegsbegeisterten tausendmal betrogen – nicht nur die Verlierer, auch die Sieger.

Doch im selben Moment, als das dystopische Moment seinen ersten Sieg errang, erhielt auch das utopische Moment starke Unterstützung: durch die Versprechen totalitärer Bewegungen, insbesondere der frühen Kommunisten und Nazis.

Die maßgeblichsten und einflussreichsten dystopischen Theorien erschienen ebenfalls direkt nach dem Ersten Weltkrieg: Oswald Spenglers „Der Untergang des Abendlandes“ und José Ortega y Gassets „Der Aufstand der Massen“. Das erste Werk erschien gleich nach dem Krieg (obwohl es früher geschrieben wurde) und trug zur Attraktion totalitärer Ideen bei, das zweite konnte sich schon auf erste Erfahrungen mit totalitären Bewegungen beziehen. Sowohl der „Untergang“ als auch der „Aufstand“ berichteten vom Aufkommen der Massengesellschaft. Ich möchte im Voraus bemerken, dass alle dystopische Literatur die „reale Existenz“ der Massengesellschaft voraussetzt.

Insbesondere das Buch von Spengler erfuhr große Beachtung. Sein Ausgangspunkt war nahe dem Hegels, allerdings auf einem viel niedrigeren theoretischen Niveau formuliert. Arnold J. Toynbee arbeitete mit einem ähnlichen Modell: Jede Kultur gleicht einem menschlichen Leben. Kulturen werden geboren, sie durchleben eine Periode der Jugend, sie erreichen ein reifes Alter, ihren Höhepunkt, und dann beginnen sie ihren Niedergang. Dies ist auch das Schicksal der westlichen Kultur, warum sollte es anders sein? Der Westen ist im Stadium des hohen Alters, des Niedergangs. Spengler fügte diesem Konzept noch hinzu, dass man unterscheiden müsse zwischen Kultur und Zivilisation. Kultur ist geistig, ethisch, gemeinschaftsbildend, während Zivilisation technologisch ist und Gemeinschaften zu einer Summe von egoistischen Individuen atomisiert. Die wachsende Geschwindigkeit der Akkumulation wissenschaftlichen Wissens und die Anwendung neuer Technologien begründen keinen Fortschritt, sie sind vielmehr unverkennbare Zeichen des Niedergangs und Zerfalls unserer Zivilisation.

Die Technologie wurde von einer progressiven zur regressiven Kraft – diese Umkehrung ihrer historischen Rolle erschien wie ein endgültiger Abschied von technologischen Utopien. Wie sich herausstellte, war sie das nicht. Technologische Utopien sind die einzigen, die wir noch haben. Sie sind Märchen für erwachsene Kinder. Doch die Verbindung von Technologie auf der einen Seite und fortschreitender sozialer und kultureller Entwicklung auf der anderen ging verloren. Das Personal der technologischen Märchen und ihre Geschichten (wie Star Wars) kennt man bereits aus der Literatur des 19. Jahrhunderts.

Im zeitgenössischen Europa gibt es daher keine sozialutopische Literatur, die die Wohltaten der Technologie bejubelt. Deren Innovationen – real oder imaginär – bereichern eher dystopische Fantasien. Waren Technologie und Wissenschaft im utopischen Denken des 19. Jahrhunderts nicht nur Segnungen, sondern auch Garantien für eine zukünftige gerechte Gesellschaft, wurden sie im dystopischen Moment des 20. Jahrhunderts zu Mitteln der Manipulation, der Zerstörung von Persönlichkeit, Individualität, Differenz.

Zwei bereits erwähnte Losungen beherrschten die historische Fantasie des modernen Europa von der zweiten Hälfte des 19. Jahrhunderts bis zum heutigen Tag. Der eine war – und ist – der bereits kurz besprochene „Tod Gottes“, der zweite ist „Das Ende von ...“ (das Ende der Geschichte, der Religion, der Kunst, der Philosophie, des Westens, der Menschheit, des Lebens auf der Erde usw.). Die Ambiguität dieser Parolen hat das Denken für etwa 200 Jahre oder länger bestimmt.

Beginnen wir mit dem „Tod Gottes“. Auch wenn er nach Nietzsche zu einem Slogan wurde (nach dem Ausruf des „tollen Menschen“ in der „fröhlichen Wissenschaft“), geht der Ausdruck auf Hegel zurück, er wurde – wie fast alles – von Heine formuliert und findet sich dann bei Nietzsche.

Alle oben genannten Denker waren Deutsche, und das ist von nicht geringer Bedeutung. Deutsche Philosophie und Kunsttheorie von Winckelmann bis Hannah Arendt hatten einen gemeinsamen Bezugspunkt: das antike Griechenland. Die Deutschen, das „Volk der Dichter und Denker", wurden für die modernen Griechen gehalten. Griechenland war aber nicht nur ein Bezugspunkt, sondern fungierte oft auch als Modell. Friedrich Schiller verfasste das Gedicht „Die Götter Griechenlands". Die Götter Griechenlands sind gestorben, schrieb er, sie blieben uns nur als Kunstwerke erhalten. So mag auch der christliche Gott sterben und der Welt nur als Abbild in Kunstwerken bewahrt bleiben.

Das Konzept vom „Tod Gottes" beruht auf einem Missverständnis. Seit Jan Assmann ist bekannt, dass die antiken Götter Teil der antiken Kulturen waren. Deshalb sind sie auch mit ihren Kulturen untergegangen. Der monotheistische Gott ist im Gegensatz dazu nicht Teil der jüdischen, christlichen oder muslimischen Kultur. Der Monotheismus (die einzige echte Religion) kann mit sehr verschiedenen Kulturen zusammengehen und hat dies auch getan, von Babylon über Rom und den Feudalismus bis zur Moderne.

Es geht nicht darum, ob die Vorhersage eintrifft, sondern um ihre Popularität.

Erstens kann dieser Slogan sowohl utopisches wie dystopisches Denken begründen. Das utopische Verständnis sieht in aller Kürze so aus: Bis in unsere Zeit glaubten die Menschen an einen Herrn, dem sie gehorchen mussten, der sie nach seinen eigenen Maßstäben bestrafte oder belohnte. Wenn Gott stirbt, werden wir frei. Wir werden die alleinigen Herren über unser Leben sein und über die Welt, die wir nach unserem Willen umformen.

Von der Aufklärung bis zur Idee von der Gottwerdung des Menschen können alle Philosophien und Bestrebungen (von Ludwig Feuerbach bis zu Henrik Ibsens Held John Gabriel Borkman) auf diese Weise begründet werden. Borkman habe ich nur erwähnt, um die Ambiguität des Slogans zu zeigen: Seine Idee der Weltherrschaft ist auch eine Art Wahnsinn, er selbst ist nur ein mögliches

Beispiel für den dystopischen Gebrauch des Slogans „Gott ist tot". Einer von Dostojewskis Figuren formuliert zum Beispiel die Überzeugung des Autors, dass alles erlaubt ist, wenn Gott nicht existiert, weil die Menschen Gut und Böse nicht mehr unterscheiden können. Für ihn klang der „Tod Gottes" nach dem Tod ethischen Strebens, der Moral oder gar nach dem Tod selbst: das dystopische Moment.

Der zweite Grund für die Popularität des Slogans war eine Erfahrung, die heute „Säkularisierung" genannt wird. In diesem Verständnis bedeutet der „Tod Gottes" nicht, dass niemand mehr an Gott glaubt oder in die Kirche geht. Er bedeutet, dass das zivile und politische Leben keinen Gott benötigen. Wirtschaft, Politik, intimes Leben, Wissenschaft, auch die Erziehung können ohne Bezug zu Gott gedeihen. Gott „stirbt", wenn die Religion Privatsache wird, Gegenstand von privatem Glauben und Gewissen.

Wenn wir schon von Säkularisierung sprechen – was immer das heute bedeutet –, können wir auch über die zweite, bereits 200 Jahre alte Gruppe von Slogans sprechen, die mit „Das Ende von ..." beginnt: eine weitere mehrdeutige Losung, die von utopischer und dystopischer Einbildungskraft benutzt wurde.

Die moderne Geschichte des „Endes von ..." beginnt ebenfalls mit Hegel. Er spricht gleichzeitig vom „Ende der Geschichte", vom „Ende der Kunst", vom „Ende der Religion" und vom „Ende der Philosophie".

Keines dieser „Enden" hat eine utopische Lesart, denn mit der Ankunft ist kein Aufbruch verbunden. Die Ankunft in der Gegenwart braucht keinen Aufbruch in eine radikal andere und bessere Zukunft – das ist für Hegel das „Ende der Geschichte". Die gegenwärtige moderne Welt ist die Vollendung aller in der Vergangenheit geschaffenen Werte. Es gibt Verluste, aber die Gewinne übersteigen sie. Es gab Fortschritt, doch es wird keinen mehr geben – es gibt keinen Ort, wo er hinführen könnte. Am Anfang der Geschichtsschreibung war ein Mensch frei, später waren es einige wenige, in der modernen Welt sind alle Menschen frei. Die Freiheit ist das einzige Maß des Fortschritts. Weiter können wir nicht kommen, höchstens zurück.

Marx kritisiert Hegel nur an einem Punkt: Es ist nicht wahr, dass alle Menschen jetzt frei sind. Doch bei der Vollendung der Moderne in einer kommunistischen Welt werden alle Menschen de facto frei sein. Noch leben wir in der Geschichte, aber der Kommunismus ist nicht mehr wie die Geschichte, er ist das Ende der „Vorgeschichte", die „wahre Geschichte", also die Vollendung aller Werte der Vorgeschichte.

Natürlich wurde Hegels „Ende der Geschichte" auch als dystopische Idee verstanden, denn sie erklärte das Ende aller Utopien.

Uns, die wir seit dem Ende des 20. Jahrhunderts und am Beginn des 21. Jahrhunderts leben, ist der Slogan vom „Ende der Geschichte" noch vertraut. Er wurde mehrfach benützt und missbraucht. Zunächst erschien er als Erneuerung des utopischen Moments nach dem Zusammenbruch der Sowjetherrschaft. Unsere Zeit – so die wiedergeborene Hoffnung – wird den Sieg der Demokratie auf der ganzen Welt erleben; das Ende der Geschichte ist nah in Sicht. Diese Illusion ging rasch verloren, die Hoffnung scheiterte. Danach kam die modische sogenannte „Post Histoire", ein Ausdruck, der sogar noch weniger Sinn hatte als das verlorene utopische Moment des „Endes der Geschichte".

Den fruchtbarsten Gebrauch des „Endes von …" machte die Literatur. Samuel Becketts „Endspiel" ist weder die erste noch die letzte „absurde" Dichtung, allerdings die künstlerisch anspruchsvollste.

Hegels „Ende der Geschichte", der Höhepunkt einer fortschrittlichen historischen Entwicklung, schließt auch Verluste ein. Das Ende der Philosophie, das Ende der Kunst, das Ende der Religion werden auch als Verluste gesehen. Die Frage zu beantworten, inwieweit sie Verluste sind und ob überhaupt, würde viel Zeit und Raum beanspruchen.

Um beim gegenwärtigen Thema zu bleiben: Wenn die „Enden von“ auch mit Verlusten verbunden sind, sind sie bestimmt keine utopischen Feststellungen, sie sind aber auch nicht dystopisch. Sie können und wurden vor allem von Werken in Anspruch genommen, die dystopische Momente verkörpern, wann immer die „historische Einbildungskraft“ selbst dystopisch wurde. Dazu gehören etwa die Themen Kommerzialisierung von Kunstwerken (Theodor W. Adorno und andere), keine „große Kunst“ mehr (Nietzsche und andere), keine Widerspiegelung der „Realität“ mehr (Lukács und andere). Zeitgenössische Kunst wird von Ästheten als „minderwertig“ verachtet, seit das dystopische Moment in Mode gekommen ist.

In seiner letzten Vorlesung über die Philosophie der Religion fügt Hegel der Feststellung des „Endes der Religion“ einige nachträgliche Gedanken hinzu. Unter den Sphären des „absoluten Geistes“, also des Bereichs sinnvoller Welterklärungen (Kunst, Religion und Philosophie), wird die höchste, die Philosophie, die anderen beiden ersetzen. Doch dabei gibt es ein Problem: Die Philosophie braucht keine geistlichen Zusammenkünfte. Sie bleibt die geistige Nahrung weniger. Die „ewige Wahrheit“ wird verschwinden, klagt Hegel: Was für ein Widerspruch! An diesem Punkt bleibt wahrscheinlich nur eine dystopische Interpretation.

Heideggers berühmter Vortrag „Das Ende der Philosophie und die Aufgabe des Denkens“ ist eine der letzten und zweifellos die einflussreichste dystopische Interpretation von Hegels Prognose zur Philosophie. Im modernen Leben verschwindet eben der „absolute Geist“ – zusammen mit seiner höchsten Entwicklungsstufe, der Philosophie. Es bleibt keine sinnvolle Erklärung der Welt mehr.

## 4.2 Die letzten Utopien

Die letzten Utopien waren als Gegenmittel gegen das dystopische Moment gedacht, als Bluttransfusionen gegen verlorene Hoffnungen, gegen Verdruss, gegen das Gefängnis des sogenannten „Elfenbeinturms", gegen das Gefühl der Hoffnungslosigkeit und Überflüssigkeit. Einige dieser Gegenmittel erwiesen sich als giftig, es waren utopische Momente in totalitären Ideologien.

Totalitäre Ideologien und ihre politische Praxis fegten alle früheren Utopien hinweg, indem sie die beiden Forderungen bloßstellten, die fast alle utopischen Konstrukte gemeinsam haben. Zuerst und vor allem die Abschaffung des Privateigentums, die Bevorzugung des sogenannten „öffentlichen Interesses" gegenüber dem privaten, des öffentlichen „Glücks" gegenüber privatem. Und zweitens die Regulierung der Kinderproduktion, die soziale Kontrolle über die genetische Vererbung, die Steuerung der Fortpflanzung.

Es zeigte sich, dass die Abschaffung des Privateigentums nicht persönliche Freiheit und Gleichheit fördert, sondern Tyrannei und politische Ungleichheit. Schon der Sowjetkommunismus vernichtete die Utopie von der Abschaffung des Privateigentums, chinesischer Kommunismus und die Roten Khmer geben ihr den Rest. Nach den Erfahrungen aller totalitären Staaten wurde das kommunale Leben als ultimativer Konformismus, als Gehirnwäsche gesehen, die jeden Rest freien Denkens erstickt.

Nach den Erfahrungen mit dem Nazismus sah die dystopische Literatur Idee und Praxis biologischer Steuerung als Terror und Rassismus. Rückblickend wirkt auch die Biopolitik von Platon oder Campanella dystopisch.

In seinem berühmten Buch „Die offene Gesellschaft und ihre Feinde" brachte Karl Popper Platon, Hegel und Marx als Vorläufer des Totalitarismus in Verruf. Meiner Ansicht nach verwechselte er das philosophische Konzept von Totalität und absoluter Wahrheit mit dem politischen Konzept und der Praxis der Totalität. Zwar arbeiten beide Vorstellungen mit offenbarter Wahrheit, doch ist diese in der Philosophie transzendental, während sie in der totalitären Politik als Ideologie fungiert, als empirische, ja sogar wissenschaftlich „bewiesene“ Wahrheit.

Die neuen Utopien begannen vor dem Ersten Weltkrieg zu erblühen, ihre verschiedenen Varianten konnten einander nahe bleiben, auch wenn sie sich später trennten. Der junge Georg Lukács korrespondierte in seiner Jugend freundschaftlich mit Giovanni Gentile, verachtete aber die sogenannten liberalen bürgerlichen Theoretiker wie Benedetto Croce.

Die Ideen der utopischen Autoren des frühen Kommunismus waren recht inhaltslos, aber stark inspiriert von religiösen Vorstellungen. Die proletarische Revolution galt als „dies irae“, Tag des Zorns. Intellektuelle Träger dieser Idee wurden nicht von der Vorstellung einer friedlichen, schönen, humanen Zukunft getrieben, sondern durch das Bild der totalen Revolution, die zwischen der Gegenwart „absoluter Sündhaftigkeit“ (Lukács) und der erlösenden Zukunft steht.

In seinem sehr einflussreichen Werk „Geschichte und Klassenbewusstsein“ – dem einzigen originären Werk zur marxistischen Philosophie nach Marx – legt Lukács den Moment der absoluten Revolution fest, die Erlösung des unterstellten Klassenbewusstseins des Proletariats und seine letztendliche Anerkennung. Andererseits setzt Lukács wie so viele andere – etwa Sorel – seine Hoffnungen in die befreiende Kraft der Gewalt. Die befreiende Gewalt sollte der Erlöser sein. Eine Neigung zur Gewalt als rettender Kraft einer Nation, eines Volks oder der Menschheit blieb etwa bis zur Mitte des 20. Jahrhunderts die einzige Gemeinsamkeit der verschiedenen erlösenden Utopien vom großen Sprung. Die Idee von der erlösenden Gewalt kann messianisch inspiriert sein wie bei Walter Benjamin oder politisch – wie die Gewaltbegeisterung bei Jean-Paul Sartre.

Im Kommunismus des frühen 20. Jahrhunderts tauchte der alte sozialdemokratische Slogan zum letzten Mal wieder auf, jetzt mit einer ganz anderen Botschaft: Das Ende ist nichts, die Bewegung ist alles. Die Revolution, die finale Katastrophe, ist alles, sie ist sowohl Mittel wie auch Ziel, und wir brauchen nicht zu überlegen, was danach kommt.

Die frühen kommunistischen Enthusiasten verstanden sich nicht als Utopisten. Der marxistische Anspruch, dass der moderne Kommunismus auf strenger Wissenschaft beruhe, wurde nicht infrage gestellt. Der große Augenblick der Revolution, dieses menschengemachte Armageddon, das ein neues Königreich hervorbringen wird, beeinflusste ihre Einbildungskraft mehr als jede wissenschaftliche Untersuchung. Wegen dieser Dominanz des Erlösungsparadigmas wurde die letzte Welle des Utopismus als eine Art säkularisierte Apokalypse bezeichnet. Keine Frage, es waren biblische Sprache, biblische Metaphern und Symbole, die diese Vorstellungen beflügelten. Dennoch passt der Ausdruck „Säkularisierung“ nicht.

Die Bibel ist eine der beiden Meistererzählungen der europäischen Kultur, sie bot Sprache und Symbole für all die verschiedenen Visionen und Projekte und tut dies auch heute noch. Sie umspannt einerseits die gesamte Menschheit und tötet andererseits die Feinde im Namen einer Wahrheit – das kann man „Säkularisierung“ nennen. (Nicht alle frühen Kommunisten übernahmen das Erlösungsparadigma, manche nur mit Vorbehalt, wie Antonio Gramsci. Sie gehören nicht in die Geschichte von Utopie und Dystopie.)

Der Hauptideologe des Nazismus, Alfred Rosenberg, sprach vom „Mythus des 20. Jahrhunderts“, doch der Nazismus war keine „Säkularisierung“ eines Mythos.

Ideologie ist weder eine Religion noch ein Mythos. Sie hat eine lange Geschichte und reicht zurück ins Gestern, mit dem Versuch, das erlösende Wahrheitskonzept auf empirische Politik anzuwenden, was in der modernen Welt unmöglich geworden ist.

Unter den Philosophen und Ideologen des frühen 20. Jahrhunderts gab es einen, der offen für Utopia eintrat, und einen anderen, der das Wesen des utopischen Moments begriffen hatte. Der Erste war der Philosoph Ernst Bloch, der Zweite der Soziologe Karl Mannheim.

In seinem Buch „Geist der Utopie“, das 1918 erschien, bringt Bloch die messianischen Beweggründe und Eigenschaften mancher frühen Kommunisten deutlich zum Ausdruck. Doch er ist der Einzige, der dies offen macht. Der letzte Abschnitt seines Werkes heißt „Karl Marx, der Tod und die Apokalypse“ und hat, wie der Titel schon sagt, mehr mit der Bibel und dem Zohar zu tun als mit dem Autor des „Kapital“.

In seinem Buch „Ideologie und Utopie“, das bereits in den 1920er-Jahren geschrieben wurde, wendet sich Karl Mannheim vom der Prophezeiung zur Sozialanalyse, vom Glauben zum Verstehen, und fasst Visionen und Bewusstseinsformen als Manifestationen einer historischen „Position“ auf. Es gibt kein Szenario des Jüngsten Gerichts, Gegenstand seiner Untersuchung ist nicht die Zukunft, sondern die Gegenwart.

# 5. Der Sieg des dystopischen Denkens – dystopische Literatur

Dystopisches Denken ist nicht wie das „dystopische Moment". Wie wir gesehen haben, können dystopische Momente auch utopisch interpretiert werden. Dystopisches Denken versperrt hingegen den Weg für die utopische Einbildungskraft. Es betritt das Gebiet der Dystopie, ähnlich wie dystopische Literatur, ist aber nicht dasselbe. Dystopisches Denken kann sich in soziologischen Schriften zur zeitgenössischen Politik manifestieren, über die allgemeine Lage der Welt, in Büchern über Geschichte und Sozialgeschichte, über den Stand der Wissenschaft, über Universitäten, Gesundheitsdienste, die Bildung im Allgemeinen, die sogenannten „empirischen Wissenschaften". Meist werden Spekulationen abgelehnt.

Falsch ist jedoch der Anspruch, sich streng an empirisch zugängliche und bestätigte Daten zu halten. Jede Gegenwart wird in jeder Sekunde zur Vergangenheit. Wenn die Zukunft der Gegenwart in diesen Werken überhaupt vorkommt – was sie normalerweise tut –, erscheint sie entweder als Fortschreibung oder als Spekulation. Die Fortschreibungen erweisen sich meist als falsch (das ist nicht ihre Schuld, denn die Listen der Geschichte gehen weiter), die Spekulationen sind im Wesentlichen immer dystopisch: die Zerstörung unseres Lebensraumes durch die Erderwärmung, allgemeine Umweltverschmutzung, unsere zunehmende Abhängigkeit von

Atomenergie (und die Gefahr eines Atomkriegs), globale Migration, Kriege ohne Ende. Sie teilen uns mit, wie verrückt wir sind, wenn wir Dinge kaufen und schön finden, die wir gar nicht brauchen, und dabei einen gewaltigen Teil der Erdbevölkerung hungern lassen – in einer Welt wachsender Ungleichheit. Einer Welt, von der ein Teil seine Kinder nicht ernähren kann, während der andere keine hat, einer Welt, in der die Globalisierung den einzigartigen Charakter jeder einzelnen Kultur zerstört, wo Uniformität die Persönlichkeit vernichtet, Applikation Innovation ersetzt, Wissen (Information) an die Stelle des Denkens tritt, alles immer schlimmer wird usw. Als düstere Extrapolation all unserer Leiden mobilisiert die Dystopie auch unsere Einbildungskraft. Doch im Anschluss an das erste Kapitel können wir sagen, dass die Einbildungskraft dabei nicht der Dirigent des Orchesters ist. In der dystopischen Literatur hingegen ist sie es.

Keine Welt ist gleichförmig, natürlich gibt es auch empirische wissenschaftliche Werke, die die gegenwärtige Lage der Dinge auf eine fortschrittliche Zukunft hin extrapolieren, auch Regierungspropaganda zeichnet ein rosiges Bild von ihr, doch können solche Darstellungen nicht als typischer Ausdruck des historischen Bewusstseins ernst genommen werden.

Dystopische Literatur kann nicht „ernst" genommen werden, auch wenn sie todernst ist – doch aus einem anderen Grund. Nichts ist ernster als Satire oder Karikatur, die in die Zukunft fortgeschrieben wird, doch bleibt es immer noch Satire und Karikatur.

Ich stelle nun die Frage: Was ist das für eine Welt, in der wir leben, wenn ihre ernsthaftesten Darstellungen von dystopischen Satiren und Karikaturen gezeichnet werden? Ich kann diese Frage nicht beantworten, ich kann nur versuchen, in diese Spiegel zu schauen, und Sie einladen, mich bei meinem literarischen Ausflug zu begleiten.

Aus der dystopischen Literatur habe ich folgende Werke für diesen Ausflug gewählt:

Aldous Huxley, Schöne neue Welt (1932)
George Orwell, 1984 (1949)
Ray Bradbury, Fahrenheit 451 (1953)
Margaret Atwood, Der Report der Magd (1985)
Robert Harris, Vaterland (1992)
Kazuo Ishiguro, Alles, was wir geben mussten (2005)
Cormac McCarthy, Die Straße (2006)
Michel Houellebecq, Unterwerfung (2015)

Seit dem 20. Jahrhundert wurden viele dystopische Romane geschrieben. Seit den 1950ern und 1960ern steigt ihre Zahl exponenziell und wächst auch im 21. Jahrhundert weiter an. Aus ihnen entstehen Kinofilme und Fernsehserien. Ich musste eine sehr kleine Auswahl treffen.

Die Auswahl war nicht zufällig, auch wenn vielleicht mancher wichtige Roman vernachlässigt werden musste. So habe ich mich bemüht, Werke von einiger literarischer Qualität einzubeziehen und Bücher ausgelassen, die für Teenager oder erwachsene Kinder geschrieben wurden. Trotzdem ist der ästhetische Rang der ausgewählten Werke ungleich, denn ich musste auch auf die Wirkung achten, den Einfluss von Büchern von geringerer Qualität. Unter ihnen sind sehr gute Romane und solche, die nur repräsentativ sind. Es gibt Parodien, Satiren ebenso wie „gewöhnliche" Liebesgeschichten von normalen Menschen in absurden Umständen.

Ein weiteres Auswahlkriterium war, dass alle wesentlichen Typen dystopischer Romane zumindest mit einem Beispiel vertreten sein sollten. Um welche Zukunft geht es? Den Untergang Europas? Die Zerstörung der westlichen Kultur im Allgemeinen? Die Katastrophe der gesamten Menschheit? Ich musste im Weiteren auch die wichtigsten Ursachen beispielhaft berücksichtigen, die Symptome und Ideologien, die für die Welt eines dystopischen Romans bezeichnend sind. Sind sie sozial? Technologisch? Biologisch? Außerdem habe ich versucht, alle wichtigen Gegenstände dystopischer Dichtung zu berücksichtigen: Totalitarismus, sowohl der Nazis wie der Bolschewiken, technologische Manipulation, Biopolitik, Untergang unserer Kultur, Zerstörung der Welt (Jüngstes Gericht). Was sie alle gemeinsam haben: die Wandelbarkeit der „menschlichen Natur" und die große Bedeutung von Erinnern und Vergessen.

Darüber hinaus wollte ich beispielhaft die Dilemmas aller Utopien von dystopischer Einbildungskraft zeigen. Was ist das gewünschte Ziel? Glück? Freiheit? Harmonie? Befriedigung aller Bedürfnisse oder die Grenzen der Befriedigung? Und weiter: Was ist Glück? Was ist Freiheit? Was ist Harmonie? Was ist Gerechtigkeit? Was ist Spiritualität? Was ist Individualität? Muss man wählen?

Während ich versuchte, für alle diese wichtigen Fragen Beispiele in einigen wenigen ausgewählten Werken zu finden, musste ich Romane finden, die seit der Mitte des 20. Jahrhunderts bis heute zu verschiedenen Zeiten geschrieben wurden, um auch die Veränderungen der historischen Einbildungskraft zu zeigen. Die letzten drei Romane entstanden nach 2005 und unterscheiden sich von allen vorherigen insofern, als sie keine alternative (schlechtere) Organisation des sozialen Lebens darstellen, noch weniger sind sie Parodien traditioneller Utopien.

Ich füge hier ein Fragezeichen an. Beinahe alle dystopischen Romane sind auf Englisch geschrieben. Die meisten Autor_innen sind britischer, kanadischer oder amerikanischer Herkunft. Warum?

Kein dystopischer Roman geht davon aus, dass alle Menschen Mitgefühl haben oder mit aggressiven Instinkten auf die Welt gekommen sind. Keine Dystopie will uns von einer „anthropologischen Revolution“ überzeugen, von der Möglichkeit einer zukünftigen anständigen und moralischen Menschheit, die keine Gesetze und Regeln braucht. Alle veranschaulichen die Formbarkeit des Menschen, der bereit und fähig ist, unter fast allen Umständen zu leben, jede Art von Leben als die einzig mögliche, richtige, geeignete anzunehmen, an alles zu glauben, woran die anderen glauben.

Das ist noch keine neue Entdeckung, es sind historische Fakten. Der „Homo sapiens“ lebt in der größten Vielfalt sozialer Organisationen. Kein Neugeborenes ist für dieses oder jenes spezielle soziale Leben vorprogrammiert, sondern für soziales Leben im Allgemeinen, es kann sich also jeder Variante anpassen.

Dystopische Werke legen nahe, dass wir modernen Menschen die Illusion gehegt haben, dass die Lage der Menschen auch anders sein kann und wir einen privilegierten Platz in der Geschichte einnehmen. Die Illusion, dass moderne Männer und Frauen unabhängige Individuen geworden sind, die sich angewöhnt haben, mit ihrem eigenen Kopf zu denken, zu wählen und selbst herauszufinden, was richtig und falsch ist. Dass die Geschichte weiter voranschreitet und dieser Fortschritt unumkehrbar ist. Was wir einmal gewonnen haben, können wir nicht mehr verlieren.

Dystopische Romane zeigen, ja „beweisen“, dass das sehr wohl möglich ist. Totalitäre Institutionen, sowohl Bolschewiken wie Nazis haben das schon bewiesen. Individualität und Differenz schwinden schnell, wenn Menschen dazu konditioniert werden, keine Individuen zu sein, wenn das Denken mit dem eigenen Kopf nicht nur bestraft wird, sondern auch als sündhaft gilt. Unter solchen und ähnlichen Umständen werden sie immer tun, was andere auch tun, und an das glauben, was die anderen glauben. Es gibt nur eine Voraussetzung für erfolgreiche Gehirnwäsche: Niemand sollte irgendwelche Alternativen zur gegenwärtigen Situation kennen.

Das Zeitalter des dystopischen Moments und besonders der dystopischen Dichtung war auch das Zeitalter der Popularität Freuds. In allen Romanen gibt es zumindest eine einzelne Person, die nicht dazupasst, die sich nicht erfolgreich assimilieren kann. „Unbehagen in der Kultur", sagt Freud, ist die Folge einer nie zur Gänze gelungenen Anpassung. Etwas fehlt immer, ein Gefühl des Unbehagens bleibt.

In der dystopischen Dichtung wird dieses Gefühl des Unbehagens mit dem Gefühl des Andersseins verbunden, dem Gefühl, in der eigenen Welt irgendwie fremd zu sein.

Die Spannung zwischen erfolgreicher Konditionierung auf der einen Seite und dem Gefühl des Unbehagens, das sich allmählich zu einer Art Widerstand auswächst, auf der anderen wird schon in Huxleys Roman beschrieben. John ist ein „Wilder", obwohl er ein (ungewollter) Sprössling der Menschen der „neuen Welt" ist. Er ist in einem mexikanischen Reservat aufgewachsen und hat sich an das Leben der „Wilden" gewöhnt. Huxley bleibt ehrlich. Es gibt kein verlorenes Paradies. Die „alte Welt" ist schlimm genug, brutal, hässlich und schmutzig. Sie ist nur anders, weniger mechanisch, organischer, weniger scheinheilig.

Zwei Touristen aus der „neuen Welt" besuchen das Reservat, erkennen den Wilden als einen der Ihren und nehmen ihn mit nach Hause. Doch weil John eine andere Art zu leben kennt, wird er in der „neuen Welt" ein Fremder bleiben, wie er es auch unter den „Wilden" war. Ein Außenseiter. Die „schöne neue Welt" erscheint ihm immer weniger schön. Er wählt ein Leben außerhalb aller Gesellschaften. Dies stellt sich als unmöglich heraus. Deshalb erhängt er sich.

Auch andere fühlten sich in derselben neuen Welt „unbehaglich“ (darunter ein junger Mann namens Bernard Marx), doch am Ende werden sie auch glücklich sein, denn die „neue Welt“ weiß, wie man mit Unbehagen umgeht. Sie unterhält eine Insel, wo alle „fremden“ Menschen hingeschickt (deportiert) werden, wo sie unter sich bleiben können, ohne ihre Umgebung mit ihren Ideen zu vergiften.

Dieses Schema taucht in allen dystopischen Romanen auf. Im Roman von Margaret Atwood erinnert sich die Magd noch an einen früheren Ehemann. Obwohl diese Erinnerung alles andere als angenehm ist, zeigt sie doch die Existenz einer anderen Welt an. Rebellen retten sie schließlich aus der „Republik Gilead“, auch wenn wir den Ausgang ihrer Flucht nicht kennen. Der Feuerwehrmann Montag in „Fahrenheit 451“ ist ein Funktionär, ein echter Gläubiger, ein Mann mit Macht, der nach einer zufälligen Begegnung mit einer jungen Frau beginnt, Unbehagen zu empfinden.

In den erwähnten Romanen entwickelt sich das Gefühl des „Unbehagens“ langsam in und durch die Geschichte selbst. Im Gegensatz dazu lernen wir Winston (in „1984“) bereits als einen Mann kennen, der nicht gänzlich in die totalitäre Welt passt. Er versucht, sich nach einer Art von Anderssein umzuschauen, Reminiszenzen und Erinnerungen aus einem anderen Leben zu finden. Schließlich wird er sowohl geistig wie körperlich mit einer Brutalität bezwungen, die den Herren anderer Dystopien nicht zu Gebote steht.

Worauf können sich Unzufriedenheit oder Unbehagen stützen? Wo können jene Männer und Frauen, die in der „neuen Welt“ fremd oder entfremdet sind, eine Ahnung von einer anderen Welt bekommen? Einer alternativen? Und vielleicht besseren? Aus Geschichte und Literatur.

Die Herren der „neuen Welt“ wissen das sehr genau. Niemand in ihrem Einflussbereich sollte Zugang haben zu Geschichte und

Literatur. Sämtliche Bücher sollten angezündet werden, nicht eines darf übrig bleiben: Aus diesem Grund haben Feuerwehrleute in Bradburys Roman einen so hohen Rang. Big Brother („1984") ist noch radikaler. In seiner Welt genügt es nicht, literarische Bücher zu verbannen und Geschichte zu vergessen, man muss neue Bücher schreiben, die die Geschichte verändern. Im Reich von Big Brother wird jedes Jahr eine neue Geschichte erfunden, neue Verschwörungen, neue Feinde, und natürlich neue Siege. Ebenso müssen für den Propagandaapparat alle Romane umgeschrieben werden.

Solange die Geschichte unbekannt bleibt oder von einer neu erfundenen ersetzt wird, wird es nur ein Gutes geben, eine einzige Wahrheit, eine einzige Art zu leben. Die Chance, den Lügen der „neuen Welten" zu entkommen, liegt darin, die Wahrheit über die Geschichte zu entdecken und die Fälschungen als das zu erkennen, was sie sind: Lügen.

Die Geschichte der Entdeckung der Wahrheit bei historischen Kriminalfällen kann zur Handlung eines Thrillers werden, denn es geht wie bei allen Krimis um die Aufdeckung eines Verbrechens. Im Mittelpunkt der Handlung von „Vaterland" steht ein Detektiv, der ein Vierteljahrhundert, nachdem die Nazis den Zweiten Weltkrieg gewonnen haben, in Berlin arbeitet. Ganz Europa wird von Hitler regiert (jetzt 75 Jahre alt), Amerika mit seinem Präsidenten Joseph Kennedy ist ein Verbündeter (der Vater von John und Robert Kennedy hat eine Zeitlang mit den Nazis sympathisiert), nur Kanada ist neutral geblieben. Berlin wird nach den Plänen von Hitlers berühmtem Architekten ausgebaut. In Sibirien gibt es noch Krieg, und dorthin Menschen zu schicken, ist ein Todesurteil. Ansonsten ist das Leben ganz normal.

Eines Tages wird Mordfahnder März – er hat die Welt, in der er aufgewachsen ist, so akzeptiert, wie sie ist – mit der Aufklärung eines Falles beauftragt, in den hochrangige Nazifunktionäre verwickelt sein könnten. Im Laufe der Untersuchung, während er alle im Weg stehenden Hindernisse wegräumt wie alle Detektive in allen Krimis, findet er schließlich heraus, dass es Menschen gegeben hat, die man Juden nannte. Niemand weiß von ihnen, die Vergangenheit wurde ausgemerzt. Was ist mit ihnen geschehen, ist der nächste Schritt in März' Untersuchung. Er will das „ursprüngliche Verbrechen" finden. Schließlich kommt er nach Auschwitz. Wir sehen ihn zum letzten Mal, mit einem Revolver in der Hand, aber wir wissen nicht, wie und gegen wen er ihn benutzen will.

Geschichte, historische Verbrechen können nicht verborgen bleiben, nicht für immer vergessen (Das Buch des bekannten amerikanischen Autors Philip Roth, „Verschwörung gegen Amerika", ist die amerikanische Version von Harris' Roman.)

In vielen dystopischen Schriften ist Shakespeare die bevorzugte Quelle des Wissens über das „Anderssein". (In deutschen dystopischen Romanen hätte es Goethe sein können.) John, der „Wilde" in „Schöne neue Welt", stößt im mexikanischen Reservat auf einen alten Shakespeare-Band und behält ihn. Anhand von Shakespeares Dichtungen erfährt er, wie erbärmlich sein „wildes" Leben ist, und ruft mit den Worten Mirandas aus „Tempest": „Oh schöne neue Welt!" Auch Montag aus „Fahrenheit 451" findet zwei Texte aus der verlorenen Welt, einen von Shakespeare, den anderen aus der Bibel. Diese Texte befreien ihn aus seiner glücklichen Unwissenheit.

Kierkegaard (die Autoren dieser Romane kannten ihn wahrscheinlich nicht) hat schon gesagt: Unschuld ist Unwissen. Doch ist Unwissen Unschuld? In einer totalitären Welt sind Wissen und Intelligenz verdächtig, sogar ein Verbrechen. Nur der Unwissende kann an seine Unschuld glauben, auch wenn er nicht unschuldig ist. Wer ein unwissender Bewohner der schönen neuen Welt bleibt, wird niemals erwachsen.

Doch auch dem Unwissen, sogar der Dummheit kann man in einer manipulierten oder totalitären Welt niemals ganz vertrauen. In allen dystopischen Romanen seit Huxleys Buch (1932) sind die Instrumente der Indoktrination (Radio, Fernsehen, Versammlungen) Tag und Nacht am Werk. Geräte, die ständig dieselben Texte wiederholen und die gleichen Bilder zeigen, sagen jedem, was richtig ist, was schön ist und was wahr ist. Nachdem sie Tausende Male wiederholt wurden, werden sie selbstverständlich und daher auch langweilig. Die große Droge (Soma) hilft über alle psychischen und physischen Schmerzen hinweg. Die „Neusprache“ bewahrt einen vor der Komplikation des Denkens.

Konditionierung oder Gehirnwäsche ist kein Spiel, das man nur einmal spielt, es setzt sich das ganze Leben lang fort. Auch durch die eigenen Gefährten, die Mitglieder der eigenen Gemeinschaft, wird man laufend konditioniert.

Der größte Feind erfolgreicher Konditionierung neben der Kenntnis von Geschichte und Literatur ist Einsamkeit. Jeder, der sich gern zurückzieht, um auch nur für einen kurzen Moment allein zu sein, ist verdächtig. Warum entzieht er sich der Überwachung?

Gemeinschaft, Gemeinschaft, Gemeinschaft. Andere sagen einem, was zu tun ist, was man denken soll, wie man sich benimmt. Man strebt nicht nach dem eigenen Glück, das tun andere für einen. Um es noch einmal zu sagen: Einsamkeit ist kriminell, „Zusammensein“ ist großartig.

Dies ist einer der Gründe, warum traditionelle utopische Vorstellungen modernen Menschen eher dystopisch erschienen. Seit Platon und Fourier waren alle utopischen Gesellschaften streng kollektivistisch. Platons Staat ist gerecht, weil jeder die ihm oder ihr zugeteilte Arbeit macht.

Bei Fourier wird „Harmonie“ erreicht, weil jeder und jede das zu tun bekommt, was seinen oder ihren Leidenschaften am besten entspricht. Individualität, individuelles Probieren, Scheitern und Lernen sind abgeschafft.

Nur die absoluten Utopien werden von den dystopischen Romanen nicht lächerlich gemacht: Die Utopien vom Goldenen Zeitalter oder von der anthropologischen Revolution haben keine dystopischen Parodien. Sie werden als absurde Träume behandelt.

Die Frage der Entstehung, wie, wann und warum diese neuen Gesellschaften aufgebaut wurden, wird in jedem dystopischen Roman irgendwann gestellt und beantwortet. Die Antworten sind verschieden, doch ein Bezugspunkt ist immer derselbe: Sie entstanden nach einem verheerenden Krieg, meist einem „Atomkrieg".

Informationen oder Klatsch unter den dystopischen Bewohnern besagen, dass die Institutionen der neuen Welt nach dem Dritten Weltkrieg und einer Revolution eingerichtet wurden und zu arbeiten begannen. In den meisten dystopischen Romanen läuft ein realer oder vorgetäuschter Krieg. In „Fahrenheit 451" (1953!) gibt es zwei Kriege. Am Ende des Buches erlebt Montag, der sich bereits mit anderen intelligenten Robin Hoods im Wald versteckt – alles ehemalige Professoren der Geisteswissenschaften und in ihrem Kopf Bewahrer der Weltliteratur –, einen neuen „Atomkrieg". Er dauert nur eine Minute, hebt die ganze Stadt in die Luft und zerstört sie.

Dieses „Ende" könnte auch als Einführung in die neue Welle von Filmen und Romanen über das Überleben eines Einzelnen oder einiger Weniger im neuen Armageddon dienen. Der „Tag danach". Der Name Montag steht für einen neuen Anfang.

Moderne Technologie spielt in allen dystopischen Romanen eine große Rolle, ausgenommen in einem Szenario nach dem „Jüngsten Tag", wo sie zwar Ursache der Zerstörung ist, aber auch selbst zerstört wird und keine Bedeutung mehr hat. Technologien haben in Dystopien eine wichtige Funktion, vor allem zur Überwachung, Konditionierung, Kommunikation, Unterhaltung und Fortpflanzung. Allen gemeinsam ist natürlich die Technologie der Gehirnwäsche.

Sämtliche technologischen Geräte und ihre Funktionsweisen in diesen Romanen sind Extrapolationen, Fortschreibungen bereits vorhandener technischer Möglichkeiten und alter Märchenträume. In der schönen neuen Welt pendeln die Menschen zum Beispiel mit Helikopter-Taxis. Helikopter und Taxis waren bereits bekannt, doch Helikopter-Taxis für den persönlichen Gebrauch waren literarische Extrapolation. Sie erinnern uns zugleich an den fliegenden Teppich. In einem solchen Helikopter-Taxi flog Bernard Marx in jeweils sechs Stunden von London nach Mexiko und zurück. Es war damals eine ziemlich „dystopische" Vorstellung, dass jemand im 32. Stockwerk eines Gebäudes lebt, der heutige Leser würde dies weder komisch noch absurd finden.

Eines muss festgehalten werden: Auch wenn technologische Einbildungskraft in allen dystopischen Visionen eine Rolle spielt, geht es darin nie um Technologie, sondern um ihren Einsatz. Romane, in denen die technologische Fantasie im Zentrum steht, in denen Maschinen Menschen kontrollieren, wie in Kurt Vonneguts Roman „Das höllische System", sind keine dystopischen Romane.

In Dystopia geht es nicht um Technologie, sondern, wie in der Utopie, um die Situation der Menschen. Die mechanischen Hunde in „Fahrenheit" werden von menschlichen Verfolgern eingesetzt. Menschen kontrollieren Menschen, unterdrücken sie und unterziehen sie einer Gehirnwäsche, und sie tun dies mithilfe von Maschinen. Zwischen der Funktion eines Maschinengewehrs und eines mechanischen Hundes gibt es keinen prinzipiellen Unterschied.

Es gibt einen dystopischen Roman, in dem ein technologischer Vorgang eine zentrale Rolle spielt, der zur Zeit der Veröffentlichung gut bekannt und üblich war: Es geht um Organtransplantation, und der Roman ist „Alles, was wir geben mussten". Kazuo Ishiguros Roman wurde zu einer Zeit geschrieben, in der Organtransplantationen schon weit verbreitet waren und ein Mangel an verfügbaren Organen spürbar wurde. Wie immer, wenn ein Mangel herrscht, entsteht ein illegaler Handel und für Geld kann man (fast) alles kaufen. Zu diesem Thema wurden auch Krimis geschrieben (zum Beispiel die Ermordung von Menschen auf dem Operationstisch, um an ihre Organe heranzukommen).

Ishiguros Buch ist kein Krimi, sondern eine tragische Dystopie, in der die bereits übliche Technologie der Organtransplantation mit einer technologischen Extrapolation kombiniert wurde: der künstlichen Erzeugung von Menschen im Reagenzglas. Das Besondere an diesem Roman ist, dass es nicht um irgendein zukünftiges „Anderssein" geht. Nicht alle Kinder werden künstlich erzeugt, die Kinder im Roman sind die Ausnahme, nicht die Regel.

Diese künstlich produzierten Jungen und Mädchen sind wie alle Jungen und Mädchen, nur werden sie in isolierten Kinderheimen aufgezogen – von Frauen, die im Gegensatz zu ihnen selbst ihr Schicksal von Anfang an kennen. Die Jugendlichen machen Kunst, zum Teil sehr gute, sie lieben und sie trauern, sie hoffen und fürchten. Der einzige Unterschied zwischen ihnen und anderen Jungen und Mädchen ist, dass sie für einen bestimmten Zweck geschaffen wurden: um ihre Organe zu spenden. Zunächst müssen sie ein Organ hergeben (zum Beispiel einen Lungenflügel), eine Operation, die sie meist überleben. Danach kommt die zweite Spende (zum Beispiel eine Niere), schließlich die letzte, die niemand überlebt. Man muss nicht erwähnen, dass es um eine Metapher für das menschliche Leben geht.

Es ist der jüngste dystopische Roman, in dem die künstliche Schaffung von Menschen, eine der Parodien, die Huxley erfunden hat, eine Rolle spielt. Doch „Biopolitik", die Politik um Genetik,

Vererbung, Rassenreinheit, Gesundheit ist ein wichtiger Bestandteil aller Dystopien (und auch zahlreicher Utopien). Wie kommt man zu gesunden Kindern? Einer gesunden neuen Generation? Wer sollte sich mit wem fortpflanzen? In Atwoods Roman ist diese Frage kompliziert, denn ihre „Gemeinschaft“ musste nicht mit einem Mangel an Organen fertig werden, sondern mit einem Mangel an Babys. Abgesehen von Indoktrination ist Gesundheit das Allerwichtigste. Gesundheit (Gymnastik, Wettkämpfe, Spiele) sind aus zwei Gründen sehr nützlich: Sie erfordern kollektive Aktivität und schließen mentale Aktivität aus. Geistige Aktivitäten werden ohnehin von allen dystopischen Gemeinschaften verbannt, auch wenn sie in manchen bei Anführern oder Kontrolleuren möglich sind.

Das „sexuelle Leben“ hat verschiedene Funktionen, je nach dem Charakter des Romans. Abgesehen vom „Report der Magd“, geht es nicht um Fortpflanzung: An erster Stelle steht Gesundheit, dann folgen Schutz vor Sublimierung, Mittel zur Überwachung und nebenbei auch Vergnügen. Ob Promiskuität (ein One-Night-Stand bei Huxley) oder Monogamie, gemeinsam ist allen sexuellen Begegnungen das totale Fehlen von Leidenschaften und Gefühlen. Dystopischer Sex ist langweilig. Die einzige Ausnahme ist die Liebesbeziehung in „1984“, doch sie entwickelt sich entgegen den Regeln, eine verbotene Frucht, die verraten wird.

Immer, wenn jemand eine neue soziale Struktur entwirft und nicht nur davon träumt, muss er in der einen oder anderen Form einen Mangel voraussetzen (seien es Lebensmittel, Sexpartner, Arbeit auf die eine oder andere Weise) und daher Arbeitsteilung. In dieser Beziehung gibt es keine großen Unterschiede zwischen Utopien und Dystopien. Sowohl utopische wie dystopische Sozialstrukturen müssen außerdem Stabilität garantieren und die Befriedigung aller Einwohner. Denn ohne allgemeine Zufriedenheit kann keine

Stabilität gewährleistet werden und es könnte Bürgerkriege geben. Wegen der Isolation von der Außenwelt muss auch der Handel mit anderen Kulturen vermieden werden. Wir kennen das bereits von Platon, Morus, Fourier und anderen Utopien dieser Art. Platon konnte Shakespeare noch nicht aus seinem idealen Staat verbannen, aber er verbannte Homer. Die Aufgabe war wie gesagt ähnlich: Stabilität, Isolation, Arbeitsteilung, Befriedigung aller. Platon nannte diesen Zustand Gerechtigkeit, Fourier Harmonie.

Wie die Utopien sind auch alle Dystopien durch soziale Schichtung und Arbeitsteilung gekennzeichnet sowie ein System von Befehlen und Gehorchen. In totalitären Dystopien („1984" und „Vaterland") versteht sich das von selbst, denn die Parodie bezieht sich auf ein „Original", ein Vorbild, Übertreibung war nicht nötig. Erfundene Fälle von „neuer Welt" hingegen („Fahrenheit", „Report der Magd", „Schöne neue Welt") brauchen sie.

Huxley benutzte Platons Schema in einer technologischen Version. Bei Platon werden Menschen mit einer goldenen, einer silbernen oder einer eisernen (oder kupfernen) Seele geboren. Sie gehören verschiedenen Kasten an. Die Kaste der „goldenen Seelen" (die Philosophen) regiert. Bei Huxley werden die Menschen in Röhren produziert, als Alpha-, Beta-, Gamma-, Delta- oder Epsilon-Kreaturen – sie sind also durch Geburt bestimmt für einen Rang oder eine Kaste. Man braucht sich dabei nicht die Mühe zu machen, wer von welcher Leidenschaft besessen ist, weil niemand Leidenschaften oder Gefühle hat, alle sind durch Chemie dazu prädestiniert, an jenem Platz glücklich zu sein, den sie einnehmen. Harmonie und Sicherheit sind garantiert. Sämtliche Bedürfnisse werden erfüllt, denn die Menschen sind bereits für die eine oder andere Art der Befriedigung vorbereitet.

Die anderen „Modelle" handeln nicht von derart elaborierten, biologisch garantierten Rang- und Standesteilungen. Doch alle beschreiben eine Struktur von Befehl und Gehorsam, in der die Hierarchie niemals infrage gestellt werden kann. Nicht einmal von der eigenen Liebsten, also der Sexsklavin eines Befehlshabers wie im Report der Magd.

Huxleys Überlegenheit als Autor liegt in seinem Mut, bis zum Äußersten zu gehen und eine Satire über die moderne Welt und ihre Träume im Stil von Jonathan Swift zu schreiben (ohne das Land der Pferde, denn das wäre nicht dystopisch).

Ich habe erwähnt, dass Gehirnwäsche und Kontrolle in fast allen dystopischen Romanen die Stabilität gewährleisten. Doch zu welchem Zweck? Ist Stabilität ein Selbstzweck? Platon lässt uns glauben, dass das Ziel Gerechtigkeit ist. In Wirklichkeit ist es aber die Stabilität selbst. Ein Aufsichtsrat will uns (bei Huxley) einreden, dass Stabilität das größte Glück der größtmöglichen Zahl sicherstellt, aber stimmt das? Ist Glück die Abwesenheit von Unglück? Oder, um weiter zu fragen: Ist Gerechtigkeit nur die Abwesenheit von Ungerechtigkeit? Ist Freiheit nur das Fehlen von Unfreiheit? Der Boden ist glatt, halten wir uns lieber am Geländer fest.

Das Geländer heißt Sicherheit. Kein Konflikt, keine Tragödie, kein Leid, keinerlei Sorgen. Die Abwesenheit, die Negativität. Der Großinquisitor der „Brüder Karamasow", oder, wenn man will, der Teufel, tritt auf, um die oben gestellten Fragen zu beantworten. Aufsichtsrat Mustapha Mond („Schöne neue Welt"), mit dem Wilden konfrontiert, erklärt: Stabilität war nach dem neunjährigen Bürgerkrieg eine Überlebensfrage.

Was ist überhaupt Glück, fragt er. Die Menschen sind glücklich, denn sie bekommen, was sie wollen, und sie wollen niemals etwas, das sie nicht bekommen können. Wen sollten sie betrauern, worüber Gefühle entwickeln? Sie haben keine Eltern, Kinder, Freunde. „‚Und wenn wirklich einmal etwas schiefgeht, gibt es Soma. Und da kommen Sie her, Herr Wilder, und werfen es zum Fenster hinaus, im Namen der Freiheit. Freiheit!‘ Er lachte.“ Unabhängigkeit ist kein Zustand für Menschen. Und Kasten werden benötigt, weil eine Gesellschaft, die nur aus Alphas besteht, instabil wäre, und Epsilons würden verrückt werden, wenn sie die Arbeit von Alphas machen müssten. Kunst und Wissenschaft sind unvereinbar mit dem Glück, wenn es bei der Kunst um Schönheit und in der Wissenschaft um Wahrheit geht. Und was die Religion betrifft: Religiöse Werke sind alte pornografische Bücher. „Das religiöse Gefühl entschädigt uns für alle Verluste. Wir aber erleiden keine Verluste, für die wir entschädigt werden müßten; demnach ist das religiöse Gefühl überflüssig.“ Christentum ohne Tränen, das ist Soma, versichert der Aufsichtsrat.

Gegen Ende von „Fahrenheit“ bringt Professor Granger Montag das genaue Gegenteil bei, nachdem er über alte Bücher gesprochen hat, die wie Phoenix aus der Asche wiedergeboren werden, auch wenn sie verbrannt wurden. Er beendet seine Rede: „Verlangt keine Sicherheit, das hat es in unserer Tierwelt überhaupt nie gegeben.“

Schaut man auf die Veröffentlichungsdaten, kommt man zu dem vorläufigen Schluss, dass in der zweiten Hälfte des 20. Jahrhunderts Strukturen, Schichtungen und Regeln der dystopischen Städte der „neuen Welt“ beschrieben wurden. In diesen Tagen hatten engagierte antisowjetische Linke und Liberale dieselbe Angst: die Angst davor, von einer Macht jenseits politischer und sozialer Kontrolle manipuliert zu werden. Sie unterschieden ganz allgemein zwischen harter und weicher, brutaler und raffinierter Manipulation. Brutale Manipulation entspricht totalitärer Ideologie und Praxis, in jener Zeit noch sehr lebendig und expandierend. Raffinierte Manipulation glich dem „Amerikanismus“, der weder Zwang noch Gewalt benötigt, um totale Uniformität zu erzeugen.

Sie hatten Angst, das Erbe westlicher Kultur und Demokratie zu verlieren, ihre Individualität, ihre Unterschiedlichkeit. Angst davor, in „eindimensionale Menschen“ (Herbert Marcuse) verwandelt zu werden. Angst vor einer gebildeten Barbarei, vor dem Marketing von Kunst und Ideen. Und auch Angst, ihren intimen Bereich zu verlieren und sich sexuellen Moden zu beugen.

Mit einem Wort: Diese Dystopien waren groteske oder absurde literarische Antworten auf die Massengesellschaft. Sie artikulierten das „Unbehagen“ in der Massengesellschaft. Verlust ohne Hoffnung.

Im 21. Jahrhundert, nach dem Untergang des Sowjetsystems und seiner Satelliten und mit wachsender Skepsis gegenüber einer übermächtigen Konsumgesellschaft, wich die Angst vor einer manipulierten Welt und Totalitarismus anderen Ängsten. Keine der drei dystopischen Romane aus dem 21. Jahrhundert folgten den Mustern des 20. Jahrhunderts. Sie extrapolieren einige Merkmale und Tendenzen der Gegenwart, die Angst machen. Weder „Alles, was wir geben mussten“ noch „Unterwerfung“ erfinden eine andere Welt. Sie sprechen von dunklen, beunruhigenden Entwicklungen, die bereits in der Gegenwart erkennbar sind. Sie fürchten, dass diese Entwicklungen sich konkretisieren und sehr bald, vielleicht in diesem Moment, die Wirklichkeit verändern.

Ein Roman fällt durch seinen scheinbar „traditionellen“ Charakter auf: „Die Straße“. Während des Kalten Krieges erschien eine weitere große Angst am Horizont (neben der Manipulation der Massengesellschaft): die Angst vor einem Atomkrieg, einer menschengemachten Apokalypse, dem Jüngsten Gericht. Apokalyptische Filme wurden derart beliebt, dass neben den Geschichten über einen nuklearen Showdown auch andere universale „Endspiele“ willkommen waren. Die Zerstörung der Menschheit könnte etwa durch eine Seuche kommen, die auf einem bis dahin unbekannten Virus basiert, oder durch die Kollision mit einem anderen Planeten. Am Ende beginnen die Überlebenden ein neues Leben, Liebende bleiben zusammen und die Not wird von einem Genie überwunden. Es gibt Dutzende davon.

Auch Straßenromane wurden populär, teils wegen der neuen linken Mode des Lebens auf der Straße, teils wegen der wachsenden Angst vor Heimatlosigkeit, davor, nirgendwohin und zu niemandem zu gehören. Die Angst vor dem Kollektiv, der Menge, vor Anpassung und Assimilation wird allmählich durch eine Angst vor Einsamkeit ersetzt, davor, verlassen zu werden, allein zu sein, nicht dazuzugehören. Ich würde die meisten dieser Geschichten nicht als Dystopien bezeichnen, denn, um es noch einmal zu sagen, dystopische wie utopische Werke handeln von der Lage der Menschen. Ich beziehe hier auch keine Werke ein, die von einer die öffentliche Fantasie beherrschenden Angst handeln (wie die Ausbreitung eines tödlichen Virus), denn solche Ängste kommen und gehen schneller als andere.

Im Roman „Die Straße" von Cormac McCarthy sehe ich das vollkommenste, sozusagen das „klassische" Beispiel des Genres. Die Schwächen der Gattung sind immer noch da. Zu ihnen gehört die Situation ultimativer Gefahr und Zerstörung von anderen, die wie ein Verkehrsunfall wirkt: Sensationslüsterne schauen gerne zu. Das Genre appelliert auch oft an die Sentimentalität, an die natürliche Sympathie für Liebe und Solidarität, in diesem Fall zwischen Vater und Sohn. Trotzdem gibt es keine Tragödie, keine Katharsis im aristotelischen Sinn, denn eine Befreiung von Selbstmitleid und Angst ist unmöglich. Wenn die Lage so absurd ist, so unwahrscheinlich, haben tragische Effekte keinen Platz.

Das Buch ist aus zwei Gründen ein Klassiker seiner Gattung: Erstens werden naturalistische Beobachtungen geschickt mit mystischen Elementen verschmolzen.

Die Geschichte von Vater und Sohn beginnt einige Jahre nach einem Atomkrieg. Es gibt sehr wenige Überlebende. Der Vater möchte seinen Sohn retten und führt ihn in eine Richtung, wo es noch Hoffnung auf Leben gibt. Hungrig, auf der Suche nach etwas zum Essen, wandern sie auf der „Landstraße" (wo es kein „Land" mehr gibt). Sie sehen Häuser, Brücken, sie erkunden Küchen, auch ein Boot, alles wird sehr lebensnah beschrieben. Die Natur ist zerstört, doch Regen, Schnee und Gewitter sind wie immer.

Doch diese naturalistische Reise ist auch eine mystische. Der Junge ist einer, der „das Feuer bewahrt". Was für ein Feuer? Wir wissen es nicht. Trotzdem haben wir als Leser das Gefühl, dass das Schicksal des Jungen mit der Erlösung der Menschheit zu tun hat: mit einem Sieg des Guten über das Böse. Wir empfinden es daher als gerecht, dass der Junge und nicht der Vater den Zufluchtsort erreicht (nicht den Himmel), denn der Sohn ist eine Verkörperung des Mitgefühls. Gegen den Willen seines Vaters bleibt der Sohn stehen, um einem alten Mann namens Ely auf der Straße zu helfen. Der Vater rettet den Sohn, er rettet die Güte, aber er muss dafür töten und Leidende zurücklassen. Biblische Anspielungen sind nicht direkt, aber indirekt. Das rettet den Roman.

Zweitens nimmt das Buch den Faden der alten Frage nach der „menschlichen Natur" wieder auf. In der Welt, in der die Wanderer die Straße nehmen, gibt es keinen Staat, keine Gesetze, keine Gerichtshöfe, kein Eigentum, keine Arbeitsteilung, keine Schichtung. Es ist der „Naturzustand". Es ist alles andere als das Goldene Zeitalter. Es ist Hobbes' Naturzustand.

Wo es Hunger gibt, gibt es auch Kannibalismus. Um dies zu wissen, brauchen wir keine Romane, wir wissen es schon aus der Geschichte, zum Beispiel der Geschichte der Hungersnot in der Ukraine im 20. Jahrhundert. Wir wissen bereits, dass das gefährlichste Tier für den Menschen kein Tier ist, sondern ein anderer Mensch. Bis zu diesem Punkt unterschreiben wir die Feststellung, dass „alle Menschen mit aggressiven Instinkten geboren werden".

Doch Vater und Sohn sind auch Menschen, und der beherrschende Instinkt des Sohnes ist Empathie.

Sowohl Gut wie auch Böse sind menschlich. Keine Anthropologie kann moralische Fragen beantworten. Das Gute ist die Ausnahme, aber es existiert. Warum ist der Sohn gut? „Die Straße" beantwortet die Frage von Utopien und Dystopien zugleich: Es gibt keine.

Die beiden anderen dystopischen Romane aus dem 21. Jahrhundert sind Orte der Gegenwart in der Zukunft. Das erste Buch („Alles, was wir geben mussten") ist von einem englischen, das zweite („Unterwerfung") von einem französischen Autor. Die Angst, um die es hier geht, ist nicht die vor dem Ende der modernen Zivilisation, noch weniger vor dem Ende der Welt. Es geht auch nicht um die Gefahren moderner Technologie oder um Manipulation im Allgemeinen, sondern um das Ende der europäischen Kultur am Beispiel der französischen.

Houellebecqs Roman „Unterwerfung" ist ein politisches Pamphlet wie „1984". Beide Geschichten handeln von Unterwerfung unter eine totalitäre Gewalt. Die historische Zeit ist hingegen sehr verschieden, die Bücher liegen über ein halbes Jahrhundert auseinander.

Nach dem sogenannten „Ende der Geschichte" bedrohen weder bolschewistische noch Nazi-Ideologie Europas Überleben. So scheint es zumindest in der Gegenwart, aber sie existieren als extremistische Bewegungen weiter und niemand weiß, ob sie an die Macht zurückkehren könnten. Sie sind zwar ein Ziel berechtigter Ängste, liefern aber kein Material für neue Dystopien. Doch totalitäre Ideologie und Terror verschwinden nicht aus der modernen Welt. Sie ändern sich nur. Eine neue Ideologie, eine neue Art von Terror nimmt den Platz der alten ein.

Die modernste totalitäre Ideologie ist der „Islamismus". Nicht der Islam als Religion, sondern der Islamismus als Ideologie. Er bezieht sich auf den Islam so, wie Hitler sich auf Nietzsche berufen hat und Stalin auf Marx. Mit solchen „Referenzen" werden Anhänger eingefangen, nicht nur im „Osten", sondern auch auf dem europäischen Kontinent, also in Frankreich (das Buch wurde vor den terroristischen Angriffen in Frankreich geschrieben).

Wie in „1984" geht es um Unterwerfung, aber diesmal nicht unter Folter, sondern durch eine Verbindung von Drohungen und Versprechungen. Die Partei der Muslimbruderschaft gewinnt die Wahlen in Frankreich. Der „Antiheld" des Romans (der ihn schreibt) ist ein französischer Intellektueller, ein Universitätsprofessor und frommer Katholik, gelangweilt und von allem enttäuscht. Er verachtet rechte wie linke Politik, den Humanismus einer leeren Welt. Frauen bleiben nicht bei ihm, obwohl er alle sexuellen Kniffe wunderbar beherrscht. Das eine Mädchen, das er wirklich mag, wandert nach Israel aus. An die Macht gekommen, bietet ihm die Muslimbruderschaft (der aktuelle Big Brother) alles: eine hohe Position, Erneuerung, Veröffentlichung, Geld – unter einer Bedingung: Er muss zum Islam konvertieren, sich zum Islamismus bekennen und Propagandist eines islamischen Reiches werden. Schließlich nimmt er an.

Diese Unterwerfung ist dunkler als die Winstons in „1984", nicht nur, weil sich hier ein Mann unterwirft, obwohl sein Leben und seine persönliche Freiheit nicht in Gefahr sind, sondern weil dieses Buch keine Satire ist, noch weniger eine Karikatur, sondern ziemlich „realistisch". Cosi fan tutte, cosi fan tutti: Unter bestimmten Umständen machen alle Menschen dasselbe. Sie vergessen ihre Vergangenheit nicht, sie verraten sie. Während der Aufsichtsrat in „Schöne neue Welt" den „Wilden" nicht überzeugen kann, ist die Versuchungsrede hier von Erfolg gekrönt, weil die Seele der Zielperson „bereit" war.

Der Teufel in „Unterwerfung" heißt Rediger. Er ist ein hochrangiger islamistischer Funktionär und Politiker, der früher ein „Identitärer" war, ein extremer Nationalist in der Art des alten Le Pen. Er hat Alkohol getrunken (und tut es noch) und Nietzsche gelesen. Dann hat er sich vom atheistischen Humanismus befreit (was unser Antiheld gut aufnimmt) und erkannt, dass Toynbee recht hat: Zivilisationen werden nie von außen zerstört, sie begehen Selbstmord. Europa hat bereits Selbstmord begangen, ebenso das Christentum. In einem Atemzug spricht Rediger von Auschwitz und gleichgeschlechtlicher Ehe als zwei Zeichen des Untergangs des Christentums.

Der Antiheld und Autor des Buches konvertiert, er nimmt sich zwei Frauen, die ihn nicht verlassen können, und wird Rektor der Universität. Er ist jetzt glücklich und beginnt ein neues Leben.

Die Autoren der früheren besprochenen dystopischen Romane waren Linke oder Liberale, Houellebecq ist, dem Text nach zu schließen, konservativ. Doch haben alle dystopischen Romane zwei Dinge gemeinsam, unabhängig von ihrer Weltsicht: Furcht und Trauer. Trauer um einen Verlust und Furcht vor der Zukunft. Was verloren ist und betrauert wird, steht bei allen zur freien Wahl. Die Freiheit der Wahl zwischen Gut und Böse ist Teil des Menschseins.

Bevor ich begonnen habe, die dystopische Einbildungskraft als Manifestation unseres zeitgenössischen historischen Bewusstseins zu erörtern, habe ich die Frage gestellt, was mit unserer Welt geschehen ist. Einer Welt ohne utopisches Moment, ohne utopisches Denken, ohne Glauben an den Fortschritt und die Zukunft, an ein besseres, gerechteres Leben, an die göttliche Gerechtigkeit.

Hat der Teufel Rediger recht? Begeht unsere Zivilisation Selbstmord? Das Europa des 20. Jahrhunderts, in dem Europäer in 60 Jahren 100 Millionen Europäer ermordet haben, scheint allein schon das Urteil Redigers zu bestätigen. Heutzutage gelingt es den Europäern nicht mehr, sich zu vermehren, und sie sind nicht bereit, sich zu verteidigen.

Warum gibt es keine Bücher, die uns eine zukünftige Welt zeigen, ein zukünftiges Europa ohne Versuchungen, ohne Manipulation, ohne Krieg und Terror, in dem die Menschen zwischen Kollektivität und Alleinsein gleichermaßen wählen können, wo sie freier und zugleich glücklich sein können, mit Konflikten, aber auch Sicherheit? Warum nicht? Trauern wir gern? Ziehen wir die Angst der Hoffnung vor? Ist sie vielleicht eleganter, modischer?

Wie ich im ersten, philosophischen Kapitel dieses Buches gesagt habe, spielt die Einbildungskraft mit den Ansichten Karten. Kann man Menschen dazu bringen, an etwas zu glauben, an das sie nicht glauben, und so die Einbildungskraft mit einem vollen Blatt spielen lassen? Ja, genau das ist die fundamentale Ansicht der Dystopien: dass Ansichten erzwungen werden können, manipuliert, von irdischen Mächten geändert, dass Ansichten die Träger von Sklaverei sein können.

Die utopischen Entwürfe des 19. Jahrhunderts waren Versprechungen. Sie konnten entweder entlarvt oder verraten werden. Dystopische Romane des 20. und 21. Jahrhunderts sind Warnungen. Sie können ein sehr menschliches Bedürfnis nicht befriedigen: Glück durch Freiheit, Frieden durch Konflikte. Das einzige Bedürfnis, das sie zu befriedigen versuchen, ist, keine Lügen zu erzählen – das Bedürfnis nach Ehrlichkeit. Sie lassen uns mit leeren Händen zurück.

Denn die Zukunft kann nicht vorausgesehen werden, weder die Bilder der Hoffnung noch der Angst sind Vorhersagen. Hegel hat einmal von der List der Geschichte gesprochen, Aristoteles hat gesagt, über die Zukunft könnten wir weder wahre noch falsche Aussagen treffen. Die Botschaften des historischen Bewusstseins in utopischen oder dystopischen Vorstellungen sind weder wahr noch falsch.

Hegel meinte auch, dass wir eines von der Geschichte lernen können: dass wir nie etwas von ihr lernen können. Doch diesmal, glaube ich, könnten wir etwas gelernt haben. Die dystopische Einbildungskraft selbst ist nämlich das Ergebnis eines Lernprozesses.

Wenn dystopische Romane uns sagen: Du wirst dich unterwerfen, können wir antworten: Das werden wir nicht tun. Das ist eine Wette. Man wettet auf die Zukunft. Die meisten dystopischen Romane gehen davon aus: Solange es einen einzigen guten Menschen auf der Welt gibt, wird es immer jemanden geben, der sich nicht unterwirft.

Einer der Professoren in „Fahrenheit" fasst die Wahrheit der Dystopien zusammen: „Verlangt keine Sicherheit, das hat es in unserer Tierwelt überhaupt nie gegeben." Wenn es kein solches Tier gibt, dann bleibt eine Wahl: nicht zu verzweifeln, nicht aufzugeben, doch nicht leeren Illusionen nachzulaufen. Ohne Optimismus und ohne Pessimismus, wie Voltaire vorgeschlagen hat, soll man seinen Garten kultivieren.

Nur noch eins. Ich möchte meine frühere Beobachtung wieder aufgreifen, dass hier und heute etwas Ähnliches passiert wie beim ersten Auftauchen des dystopischen Moments. Damals verschwand das utopische Denken nicht, es wechselte nur das Genre: Es fand sich wieder in der Kunst, vor allem in der Malerei. Derzeit florieren technologische Utopien. Auch sie können dystopisch gelesen werden, aber sie können soziale Utopien nicht ersetzen.

Können wir heute eine Manifestation utopischen Denkens erkennen, das nicht dystopisch gelesen werden kann? Ich denke, ja, oder besser, ich meine, dass es so etwas gibt: die zeitgenössische Architektur, in der utopische Einbildungskraft immer noch das Orchester in dieser „Sache" dirigiert.

Kehren wir zum Beginn zurück. Soziale Utopien haben vier Dimensionen. Die ersten Utopien hatten einen Anfang, der in ferner Vergangenheit lag. Ihr Ort war der Garten der Lüste oder der Garten Eden. Sie beschrieben eine Zeit und einen Ort des Glücks, der Hoffnung auf Glück.

Utopien der Renaissance waren wie die von Platon Utopien des Andersseins. Sie waren an einem anderen Ort angesiedelt, zum Beispiel einer Insel, isoliert von der Welt der Gegenwart, gedacht als unverändert und unveränderbar, eine zeitlose Gemeinschaft des Rechts, der Hoffnung auf Sicherheit und soziale Gerechtigkeit.

Das „utopische" und das „dystopische" Moment, Orte von Hoffnung und Orte der Angst, von Befreiung und Versklavung, waren gleichermaßen im Raum des Träumenden angesiedelt, als Blick auf die Zukunft der Gegenwart. Ebenso war es mit dem „republikanischen Moment", der Hoffnung auf Freiheit.

Die absolute Utopie der anthropologischen Wende oder Revolution spiegelte die Vorstellung vom Goldenen Zeitalter wider. Ein Goldenes Zeitalter, das nicht hinter uns, sondern vor uns liegt, nicht in ferner Vergangenheit, aber in ferner Zukunft. Es ist die endgültige Einheit von Freiheit und Glück.

Heute meinen Dystopien, man solle keine Garantien, keine Sicherheit verlangen. Das heißt: seinen Garten kultivieren. Es ist eine Utopie der Verantwortlichkeit als Zivilcourage. Das Wort vom Kultivieren des Gartens meint nicht den Untergang sozialhistorischer Einbildungskraft, sondern die Übernahme von Verantwortung für soziale Fantasien. Man kann die Verantwortung für soziale Vorstellungen übernehmen, wenn die Einbildungskraft auf Wahrscheinlichkeit und nicht nur auf Möglichkeit beruht und noch weniger auf Unmöglichkeit. Kurz: Wenn soziale Einbildungskraft nicht Dirigent des Orchesters ist, sondern nur eines seiner Instrumente.

Eine Welt ohne Einbildungskraft als Dirigent des Orchesters wäre leer und ist ohnehin unmöglich. Die Frage ist nicht, ob es eine solche Einbildungskraft gibt, sondern nur, ob es eine „utopische“ gibt.

In der zeitgenössischen Architektur eröffnet die utopische Einbildungskraft als Dirigent des Orchesters neue, futuristische Räume. Die zeitgenössische Architektur verkörpert utopische Realität. Ihre Arbeiten sind individuell, also persönlich. Es gibt keine Stile, nicht einmal „postmoderne“. Die bemerkenswertesten Bauten sind öffentliche Räume: Kirchen, Museen, Opern. Öffentliche, aber nicht gemeinschaftliche Räume, keine Lebensräume, sondern Orte, wo Individuen eine Gemeinschaft bilden können – zur gemeinsamen Erhebung, Kontemplation im Bereich des „absoluten Geistes“, ohne die persönliche Freiheit aufzugeben.

Momente des Glücks kann man nach wie vor genießen. Sie sind jetzt die verkörperte utopische Realität.